Barbaresco 19
15. 8. 92

Die Poesie der
vegetarischen Küche

Die Poesie der
VEGETARISCHEN KÜCHE

100 himmlische Rezepte
für Feinschmecker

Dieses Buch ist eine stark erweiterte, vollkommen neu gestaltete Ausgabe des 1994 erschienenen Werks »Cuisine du Jardin«.

AT Verlag, Baden und München
Gestaltung: aubergine, Heidy Schuppisser, Ennetbaden
Lithos: AZ Grafische Betriebe AG, Aarau
Druck und Bindearbeiten: Appl, Wemding
Printed in Germany

ISBN 3-85502-987-3

www.at-verlag.ch

Inhaltsverzeichnis

Vorwort

Der größte Teil dieses Buches ist neben meiner Arbeit als Küchenchef in der »Alten Stadtmühle« zu Schopfheim entstanden. Ein Restaurant, das in dieser Form heute leider nicht mehr existiert. Alle Gerichte wurden als Teile eines vegetarischen Feinschmeckermenüs so oder ähnlich unseren Gästen serviert. Ehemalige Gäste unter unseren Lesern werden also vieles wiedererkennen.

Bevor Sie sich ins Kochvergnügen stürzen, lassen Sie mich ein paar einleitende Gedanken zur vegetarischen Saisonküche ausführen. Kochen ist für mich eine der angenehmsten Tätigkeiten der Welt. Oft habe ich beim Kochen das Gefühl, im eigentlichen Sinn eher eine alchemistische Handlung auszuführen. Mit Hilfe so elementarer Dinge wie Feuer, Wasser oder Luft wirke ich als Koch auf Produkte ein, die von der Erde hervorgebracht wurden, und transformiere sie in einen optisch und geschmacklich völlig anderen Zustand. Das Gelingen vorausgesetzt, ist dies ein äußerst befriedigender Vorgang. Nicht immer verhalten sich die Produkte allerdings so, wie wir es geplant haben. Ein Soufflé fällt vorzeitig in sich zusammen, der Nudelteig hat nicht die gewünschte Festigkeit oder die Sauce schmeckt einfach nicht wie sonst. Das zeigt aber nur, dass Kochen ein lebendiger, dynamischer Prozess ist, der unter anderem von so simplen Dingen abhängt wie Raumtemperatur, Luftfeuchtigkeit usw. Gerade diese kleinen Unwägbarkeiten machen für mich die Sache besonders reizvoll. Meine Rezepte sollen Ihnen dabei helfen, den Nervenkitzel in Grenzen zu halten, der leicht entstehen kann, wenn mehrere erwartungsvolle Gäste am Tisch sitzen.

Auf einem hohen Niveau zu kochen, egal ob vegetarisch oder mit Fleisch und Fisch, ist wesentlich aufwendiger als unsere gewohnte, so genannte gutbürgerliche Küche. Beginnen Sie daher nicht gleich mit einem sechsgängigen vegetarischen Menü, sondern probieren Sie zunächst einzelne Rezepte; dadurch lernen Sie den Zeitaufwand besser einzuschätzen. Erfreuen Sie sich an der bunten Vielfalt unserer Gemüse- und Obstsorten und nehmen Sie meine Rezepte als Anregung zur Entwicklung eigener, neuer Kreationen.

Natürlich gibt es heutzutage viele Gemüse und Früchte das ganze Jahr über zu kaufen, aber wirklich gut sind sie nur zur jeweiligen Saison. Außerdem schmecken uns Dinge, die nicht ständig zur Verfügung stehen, einfach besser.

Wie herrlich mundet im Frühjahr der erste Spargel, im Herbst eine sämige Kürbissuppe mit Steinpilzen oder im Sommer eine sonnengereifte Tomate!

Deshalb nachfolgend, ohne Anspruch auf Vollständigkeit, eine Liste unserer besten und beliebtesten saisonalen Muntermacher:

Frühling: Spargel, Rhabarber, Blattsalat, Sprossen, Erdbeeren, frische Kräuter, Blattspinat

Sommer: Melonen, Paprika, Erbsen, Gurken, Bohnen, Pfirsiche, Beeren, Tomaten, Auberginen, Kirschen, neue Kartoffeln, Zucchiniblüten

Herbst: Pilze, Kürbis, Äpfel, Lauch, Mangold, Kohlrabi, Feigen, Pflaumen, Petersilienwurzeln, Feldsalat (Nüsslisalat), Wirsing, Quitten

Winter: Trüffel, Esskastanien, getrocknete Hülsenfrüchte, Orangen, Chicorée, Schwarzwurzeln, Wurzelgemüse, Rosenkohl

Und zum Schluss noch ein paar grundlegende Tipps mit auf den Weg:

- *Verwenden Sie nur frische Gemüse von guter Qualität.*
- *Achten Sie bei Ihrer Menüzusammenstellung auf farbliche und geschmackliche Abwechslung.*
- *Würzen Sie die Speisen sorgfältig.*
- *Lassen Sie sich vom Marktangebot inspirieren.*
- *Probieren Sie neue, schwierige Rezepte nicht gerade, wenn Sie Gäste eingeladen haben.*
- *Nehmen Sie sich Zeit und genießen Sie das Kochen!*

Ein gutes Gelingen wünscht Ihnen
Ralf Kabelitz

Schopfheim, im Januar 2004

Sämtliche Rezepte sind, sofern nicht anders angegeben, für 4 Personen berechnet.

Vom Kochen im

Frühling

Für viele Menschen ist der Frühling die schönste Zeit des Jahres. Endlich kann man die Winterkleider im Schrank versorgen, das Leben beginnt wieder von neuem. Das lichte Grün der Natur erscheint uns wie ein Geschenk. Die zarten Blütendüfte, die in der Luft liegen, wecken alle Lebensgeister. Und doch beginnt der Frühling für den Koch etwas ernüchternd. Denn bevor er sich im Mai am Spargel erfreuen kann, an frischen Erdbeeren oder den ersten jungen Gemüsen, tritt der Frühling auf der kulinarischen Bühne zunächst äußerst bescheiden auf, mit einer sehr leisen Ouvertüre auf das, was da kommen soll. Und auch die Restbestände an Wintergemüse wie Wurzeln und Kohl welken nun langsam dahin. Es heißt also, sich zu gedulden. Die ersten Huflattichblüten signalisieren mir: Jetzt kann es nicht mehr lange dauern. Langsam regen sich auch die Wildkräuter. Doch es scheint endlos zu dauern, und dann plötzlich, fast über Nacht, ist es passiert: Die Natur ist vollends erwacht, die Fülle ist da. Der Rhabarber war wieder mal der Vorwitzigste. Aber dann kommen in kurzem Abstand alle Köstlichkeiten, vom Winterschlaf erlöst, ans Tageslicht.

Lauwarmer Salat von grünem Spargel mit Paprikamousse

400 g rote Paprika (Peperoni)

2 Schalotten

2 EL Olivenöl

1 Knoblauchzehe

4 EL trockener Weißwein

250 ml Gemüsebrühe
(siehe Grundrezepte)

250 ml Rahm

1/2 TL mildes Paprikapulver

etwas Balsamicoessig

1 TL Agar-Agar

2 Eiweiß

500 g dünner grüner Spargel

Nussölvinaigrette
(siehe Grundrezepte)

Salz, Pfeffer

Die Paprika waschen, halbieren, die Kerne entfernen und das Fruchtfleisch grob würfeln. Die Schalotten schälen, fein würfeln und im Olivenöl anschwitzen. Den Knoblauch zerdrücken und ebenfalls mit den Paprikawürfeln anschwitzen. Mit dem Weißwein ablöschen, diesen kurz einkochen lassen, dann mit der Gemüsebrühe und dem Rahm auffüllen. Das Ganze etwa 15 Minuten kochen lassen. Mit Paprikapulver, Salz, Pfeffer und Balsamicoessig abschmecken. Nun alles im Mixer fein pürieren und durch ein Sieb streichen.

Den Teelöffel Agar-Agar mit 2 Esslöffeln kaltem Wasser 5 Minuten quellen lassen. Vom Paprikapüree 500 ml abmessen und in einem Topf aufkochen. Das gequollene Agar-Agar dazugeben und 3 Minuten köcheln lassen. Die Eiweiße steif schlagen und unter die noch heiße Masse ziehen. Sofort in kleine Keramikförmchen füllen und mindestens eine Stunde kühl stellen.

Den Spargel nur wenig am unteren Ende schälen und 3–5 Minuten in Salzwasser kochen. Abtropfen lassen und mit ein paar Esslöffeln Nussölvinaigrette marinieren. Den noch lauwarmen Spargel mit der gestürzten Paprikamousse servieren.

Marinierte Gemüse auf griechische Art

250 g Champignons

1 Zucchini

2 Stengel Staudensellerie

70 g Zuckerschoten (Kefen)

1 rote Paprika (Peperoni)

1 Bund Frühlingszwiebeln

4 EL Olivenöl

1 TL Korianderkörner

2 Knoblauchzehen

1 Msp. Safranfäden

100 ml trockener Weißwein

100 g Kirschtomaten

6 kleine Artischockenherzen aus dem Glas

1 Zweig Thymian

3 EL weißer Balsamicoessig

Salz, Pfeffer

Die Champignons waschen und in Scheiben schneiden. Die Zucchini und den Staudensellerie ebenfalls in Scheiben schneiden. Von den Zuckerschoten den Stielansatz entfernen und die Schoten halbieren. Die Paprika halbieren, Stielansatz und Kerne entfernen und das Fruchtfleisch würfeln. Von den Frühlingszwiebeln nur den weißen Teil verwenden, diesen halbieren.

Das vorbereitete Gemüse im Olivenöl anbraten, mit Salz und Pfeffer würzen, die Korianderkörner, den zerdrückten Knoblauch und die Safranfäden dazugeben und mit dem Weißwein ablöschen. Etwa 10 Minuten köcheln lassen, bis die Gemüse gar sind. Beiseite stellen.

Die Kirschtomaten kreuzweise einschneiden und kurz in kochendes Wasser geben, kalt abschrecken und die Haut abziehen. Die Artischocken vierteln und mit den Tomaten unter das gedünstete Gemüse heben. Den Thymian abzupfen und darüber streuen. Alles mit dem Balsamicoessig beträufeln.

Die marinierten Gemüse lauwarm oder kalt mit frischem Baguette als Vorspeise servieren.

Broccolibiskuit

2 Schalotten

1 EL Butter

1 EL Tomatenmark

800 g reife Tomaten, gewürfelt

1 Zweig Thymian

250 g Broccoli

50 g Butter

30 g Mehl

120 ml Milch

3 Eier

Salz, Pfeffer, Muskat

Die Schalotten fein würfeln und in der zerlassenen Butter glasig dünsten. Das Tomatenmark dazugeben und kurz darin anschwitzen. Die gewürfelten Tomaten dazugeben. Den Thymianzweig einlegen und das Ganze zu einer dicken Tomatensauce einkochen. Durch ein feines Sieb streichen. Den Broccoli in Salzwasser blanchieren, so dass er noch etwas Biss hat. Danach sofort in Eiswasser abschrecken. Gut abtropfen lassen und sehr fein hacken.

Die Butter in einem Topf zerlassen und das Mehl darin anschwitzen. Mit der Milch aufgießen und diese aufkochen, dabei mit einem Schneebesen gut durchrühren. Mit Salz, Pfeffer und Muskat würzen. Vom Herd nehmen und etwas abkühlen lassen.

Eigelbe und Eiweiße trennen. Die Eigelbe vorsichtig einzeln unter die Béchamelsauce ziehen. Die Eiweiße steif schlagen. Die Béchamelsauce mit dem Broccoli vermengen und das Eiweiß darunter ziehen.

Die Masse auf ein mit Backpapier belegtes Backblech streichen und im Ofen bei 190 °C 15–20 Minuten backen. Einige Minuten abkühlen lassen, dann mit der Tomatensauce bestreichen. Das Ganze zu einer Roulade rollen und abkühlen lassen. Zum Servieren in Scheiben schneiden und einen gemischten Salat dazu reichen.

Biskuit kennen Sie sicherlich aus der Zuckerbäckerei: ein luftiger, lockerer Teig, zum Beispiel mit Himbeermarmelade bestrichen und zu einer Roulade eingerollt. Wir ließen uns davon zu dieser pikanten Vorspeise inspirieren.

Ziegenkäsetatar auf Rösti

500 g fester Ziegenfrischkäse

2 Tomaten

1 Schalotte

5 Radieschen

½ Bund Schnittlauch

1 EL Olivenöl

4 mittelgroße Kartoffeln

Pflanzenöl

Salz, Pfeffer

Den Ziegenkäse fein würfeln. Die Tomaten blanchieren und häuten, das Fruchtfleisch würfeln. Die Schalotte und die Radieschen ebenfalls würfeln, den Schnittlauch in Röllchen schneiden. Alles vorsichtig vermengen, mit Salz und Pfeffer abschmecken und mit Olivenöl beträufeln, kühl stellen.

Die Kartoffeln schälen und auf einer Reibe fein raspeln. Die Kartoffelmasse leicht mit Salz und Pfeffer würzen. In einer Pfanne in heißem Öl aus der Kartoffelmasse kleine Küchlein knusprig ausbraten.
Den Ziegenkäsetatar auf die heiße Rösti häufen und sofort servieren.

Tipp
Reichen Sie dazu einen Salat mit italienischer Olivenölvinaigrette.

Frühlingsrollen auf Ananas-Chutney

500 g frische Ananas

1 Apfel

50 ml Reisweinessig

1 TL Salz

2 EL brauner Zucker

1 TL Senf

2 TL Currypulver

1 Gewürznelke

100 g geschälte rote Paprika (Peperoni)

100 g Schalottenwürfel

1 TL Speisestärke

1 Zweig Pfefferminze

500 g Gemüse, in Streifen geschnitten
(z.B. Fenchel, Zucchini, Karotten,
Chinakohl, Paprika)

200 g frische Sojasprossen

2 EL Sojasauce

$^{1}/_{2}$ TL Fünfgewürz

4 Frühlingsrollenblätter (Asienladen)

1 Eiweiß

Pflanzenöl zum Anbraten
und Frittieren

Salz, Pfeffer

Die Ananas schälen und den holzigen Strunk entfernen. Den Apfel schälen und das Kerngehäuse entfernen. Mit Essig, Salz, Zucker, Senf, Curry und der Nelke im Mixer pürieren.

Die Paprika fein würfeln, zusammen mit den Schalottenwürfeln und dem Ananaspüree aufkochen. Die Stärke in kaltem Wasser anrühren und das Chutney damit binden. Zum Schluss den Minzzweig in das Chutney legen und abkühlen lassen.

Die Gemüsestreifen und die Sojasprossen unter ständigem Rühren kurz in etwas Öl anbraten. Mit der Sojasauce ablöschen und mit Salz, Pfeffer und Fünfgewürz kräftig abschmecken. Auf einem Sieb abtropfen lassen.

Je ein Frühlingsrollenblatt mit 2–3 Esslöffeln Gemüse füllen. Die Ränder mit Eiweiß bestreichen und einrollen. In der Fritteuse im 170 °C heißen Öl knusprig ausbacken. Zu dem abgekühlten Chutney servieren.

Tipp
Das Chutney lässt sich gut vorbereiten und hält im Kühlschrank etwa eine Woche. Die Frühlingsrollen können Sie auch zu Basmatireis mit einer Curry- oder Tomatensauce servieren.

Gemüseessenz mit Grünkernklößchen

1 l Gemüsebrühe (siehe Grundrezepte)

2 Eiweiß

200 g Karottenwürfel

200 g Selleriewürfel

50 g Lauch, in Scheiben geschnitten

50 g Fenchelwürfel

1 Tomate, in Würfel geschnitten

Sojasauce

Balsamicoessig

Salz, Pfeffer

60 g Butter

250 ml Milch

120 g frisch gemahlener Grünkern

3 Eier

Mit einem Teil der Brühe die Eiweiße verquirlen, die vorbereiteten Gemüse dazugeben, dann mit der restlichen Brühe vermischen. Das Ganze langsam aufkochen lassen, dabei oft mit einem Holzlöffel am Topfboden rühren, damit das Eiweiß nicht ansetzt. Nach dem Aufkochen den Topf sofort vom Herd nehmen und die Gemüsebrühe eine Stunde ziehen lassen. Dann vorsichtig durch ein Passiertuch oder ein sauberes Küchentuch abgießen. Mit Salz, Pfeffer, Sojasauce und Balsamicoessig abschmecken.

Aus Butter, Milch, Grünkern und den Eiern einen Brandteig herstellen (siehe Grundrezepte). Diesen mit Salz und Pfeffer würzen. Mit Hilfe von zwei Teelöffeln kleine Nocken abstechen, in kochendes Salzwasser geben und einige Minuten gar ziehen lassen, bis sie an die Oberfläche steigen. In der Gemüseessenz servieren.

Erbsenschaumsuppe mit Buttercroûtons und frischer Minze

2 Schalotten

1 EL Butter

500 g enthülste frische Erbsen

1 l Gemüsebrühe (siehe Grundrezepte)

100 g kalte Butter, in Stückchen

3 EL geschlagener Rahm

Salz, Cayennepfeffer

4 Scheiben Toastbrot

2 EL Butter

2 Zweige frische Pfefferminze

Die Schalotten fein würfeln und in der Butter anschwitzen. Die Erbsen dazugeben und mit etwas Brühe aufgießen, 10 Minuten gar dünsten. Die restliche Brühe dazugeben und kurz aufkochen, dann alles im Mixer fein pürieren, dabei die kalten Butterstückchen nach und nach beigeben. Die Suppe durch ein Sieb streichen. Mit Salz und Cayennepfeffer abschmecken.

Vom Toastbrot die Rinde entfernen, das Brot würfeln und in der Butter goldgelb braten.

Die Suppe erneut erhitzen, mit einem Pürierstab schön schaumig mixen und zum Schluss den geschlagenen Rahm unterheben. Mit den Croûtons bestreuen und mit frischer Minze garnieren.

Gemüse-Cassoulet mit frischem Thymian

80 g getrocknete weiße Bohnen

1 rote Paprika (Peperoni)

1 Zucchini

1 kleine Aubergine

2 EL kaltgepresstes Olivenöl

2 Knoblauchzehen

1 l Gemüsebrühe
(siehe Grundrezepte)

1 EL frische Rosmarinnadeln

4 Zweige Thymian

100 g Kirschtomaten

Sojasauce, Balsamicoessig

Salz, Pfeffer

Die getrockneten weißen Bohnen über Nacht einweichen. Am folgenden Tag abgießen und in frischem Wasser gar kochen. Erst zum Schluss salzen.

Paprika, Zucchini und Aubergine grob würfeln und im Olivenöl anbraten. Mit Salz, Pfeffer und den zerdrückten Knoblauchzehen würzen. Mit der Gemüsebrühe auffüllen und aufkochen. Rosmarin und Thymian dazugeben. Die Kirschtomaten kreuzweise einritzen und mit den Bohnen in die heiße Brühe legen. Mit Sojasauce, Balsamicoessig, Salz und Pfeffer abschmecken.

Was dem Deutschen seine Erbsensuppe, ist dem Franzosen sein Cassoulet. Von diesem deftigen Gericht gibt es unzählige Varianten. Hier unsere schlanke Ausgabe davon.

Tagliatelle mit grüner Kohlrabisauce und gratiniertem Blattspinat

2 kleine Kohlrabi mit Blattgrün

2 Schalotten

4 EL Butter

100 ml Gemüsebrühe
(siehe Grundrezepte)

200 ml Rahm

etwas Speisestärke

400 g frischer Nudelteig
(siehe Grundrezepte) oder
400 g gekaufte Bandnudeln

500 g Blattspinat

100 g Gorgonzola

Salz, Pfeffer, Muskat

Ein einfaches, aber trotzdem sehr wohlschmeckendes Gericht, das in seinen Ton in Ton gehaltenen Farben sehr modern aussieht.

Tipp
Sie können die Kohlrabisauce auch durch eine Weißweinsauce (siehe Grundrezepte) ersetzen.

Die Kohlrabi schälen und würfeln, ein paar junge Blätter vom Kohlrabigrün beiseite legen. Die Schalotten fein würfeln und in einem Esslöffel Butter glasig dünsten. Die Kohlrabiwürfel dazugeben, mit Brühe und Rahm auffüllen und etwa 15 Minuten kochen lassen. Die Kohlrabiblätter hacken und zum Kohlrabigemüse geben. Das Ganze im Mixer fein pürieren und durchpassieren.

Die Sauce zurück in den Topf gießen und falls nötig noch etwas binden. Mit Salz, Pfeffer und Muskat abschmecken.

Den Nudelteig dünn ausrollen und in Streifen schneiden oder mit der Nudelmaschine Bandnudeln herstellen. Diese in Salzwasser gar kochen (sie steigen an die Oberfläche, wenn sie gar sind), abtropfen lassen und in 2 Esslöffel Butter schwenken.

Während die Nudeln kochen, den geputzten Spinat in einem geschlossenen Topf mit der restlichen Butter, Salz, Pfeffer und Muskat in 3–5 Minuten gar dünsten. Dann in vier Häufchen in eine feuerfeste Form setzen, jeweils eine Scheibe Gorgonzola darauf legen und unter dem Grill oder im Backofen auf Grillstufe überbacken.

Die Bandnudeln unter die Kohlrabisauce mischen und sofort mit dem gratinierten Spinat servieren.

Junges Gemüse im Kartoffelkörbchen mit zweierlei Sauce

200 g Rote Beten (Randen)

1 Schalotte

Pflanzenöl zum Anschwitzen und Frittieren

1 Spritzer Sherryessig

200 ml Rotwein

100 ml Portwein

Mehlbutter (siehe Grundrezepte) oder Speisestärke

50 g kalte Butter in Stückchen

1 kg gemischtes Gemüse nach Marktangebot (z.B. Kohlrabi, Broccoli, Paprika, Zucchini, Zuckerschoten/Kefen, Karotten)

300 g Kartoffeln

2 EL Butter

3 EL Gemüsebrühe (siehe Grundrezepte)

200 ml Weißweinsauce (siehe Grundrezepte)

Salz, Pfeffer

Die Roten Beten schälen und in Würfel schneiden. Die Schalotte fein würfeln und in etwas Pflanzenöl anschwitzen, dann die Roten Beten dazugeben. Mit einem Spritzer Sherryessig ablöschen, mit Rotwein und Portwein auffüllen und etwa 40 Minuten köcheln lassen. Anschließend durch ein Sieb streichen. Die Sauce nochmals erhitzen, mit Mehlbutter oder Stärke binden und die kalten Butterstückchen einarbeiten.

Die Gemüse schön zurechtschneiden und nach Sorten getrennt in Salzwasser gar kochen. Danach in Eiswasser abschrecken.

Die Kartoffeln schälen, in feine Streifen schneiden oder raspeln. Jeweils 2 Esslöffel davon in ein Ausbacksieb geben und in der Fritteuse goldgelb ausbacken. Zum Schluss mit Salz und Pfeffer würzen. Nacheinander so vier Kartoffelkörbchen herstellen.

Die Gemüse mit etwas Butter und Gemüsebrühe erwärmen und in die Körbchen füllen. Die Weißwein- und die Rote-Bete-Sauce erhitzen und mit den Kartoffelkörbchen anrichten.

Für dieses Gericht benötigen Sie ein spezielles Ausbacksieb, es ist in guten Fachgeschäften erhältlich. Das Rezept selber ist eigentlich ganz einfach und nicht nur optisch ein Genuss.

Kartoffelröllchen an Schmorgurkensauce mit Mangoldwickel

5 Schmorgurken

2 Schalotten

1 EL Butter

1 Schuss Weißwein

100 ml Rahm

100 ml Crème fraîche

1 EL Pommerysenf

300 g Tofu, küchenfertig gewürzt

2 Eigelb

600 g große Kartoffeln

8 Blätter Mangold

2 EL Tomatenwürfel

100 g Gorgonzola

3 EL Gemüsebrühe
(siehe Grundrezepte)

Pflanzenöl

Olivenöl

Salz, Pfeffer

einige Borretschblüten

Drei der Schmorgurken schälen und würfeln. Die fein gehackten Schalotten in der Butter glasig anschwitzen und die Gurkenwürfel dazugeben, mit Weißwein ablöschen. Den Rahm und die Crème fraîche beifügen und die Gurkenwürfel in etwa 15 Minuten gar kochen. Im Mixer oder mit dem Handmixer fein pürieren, dann durch ein Sieb streichen. Mit dem Pommerysenf, Salz und Pfeffer würzen.

Den Tofu in Würfel schneiden und mit den Eigelben im Mixer oder Elektrohacker zu einer glatten Masse pürieren.

Die Kartoffeln schälen und in hauchdünne Scheiben schneiden. Auf Küchenpapier schuppenartig überlappend zu vier Rechtecken auslegen. Mit jeweils zwei Esslöffeln Tofumasse belegen und, indem man das Küchenpapier anhebt und die Masse einrollt, zu Rouladen formen. Diese eine Weile im Küchenpapier eingewickelt liegen lassen.

Mangoldstiele und Mangoldblätter separat in Salzwasser gar kochen und in Eiswasser abschrecken. Die Stiele würfeln, mit den Tomatenwürfeln und dem zerkleinerten Gorgonzola vermischen. Die Mangoldblätter damit füllen. In einer ausgebutterten Auflaufform unter Zugabe von etwas Gemüsebrühe bei 200 °C im Ofen etwa 15 Minuten backen.

Die Kartoffelrouladen in heißem Pflanzenöl anbraten, dann im 200 °C heißen Ofen ebenfalls 15 Minuten backen. Zum Schluss mit Salz und Pfeffer würzen.

Die restlichen zwei Gurken schälen, halbieren, die Kerne herauskratzen und die Gurken in Streifen schneiden. In etwas Olivenöl gar dünsten und anschließend mit den Borretschblüten bestreuen. Alles zusammen möglichst heiß servieren und eventuell noch etwas Tomatensauce dazugeben.

Tipp
Zugegeben, das Rezept klingt etwas kompliziert. Um es sich zu vereinfachen, versuchen Sie sich einmal nur an den Kartoffelröllchen und reichen Sie einen gemischten Salat dazu.

Spargel mit »Kratzete« und Basilikum-Joghurt-Sauce

70 ml Wasser

70 ml Milch

70 g Mehl

2 Eier

1,6 kg Spargel

1 EL Butter

1 TL Zucker

100 g Butter

2 Eigelb

150 g Magermilchjoghurt

etwas Zitronensaft

1 Bund Basilikum, gehackt

Pflanzenöl

Salz, Pfeffer

Aus Wasser, Milch, Mehl und den zwei Eiern einen dünnen Pfannkuchenteig herstellen und mit Salz und Pfeffer würzen. Den Teig mindestens 10 Minuten quellen lassen.

Den Spargel schälen und in Salzwasser mit dem Esslöffel Butter und dem Zucker 10–15 Minuten (je nach Dicke der Stangen) garen. Kochen Sie den Spargel nicht zu weich, er verliert sonst viel an Aroma.

Für die Sauce die 100 g Butter zerlassen. Die Eigelbe mit 2 Esslöffeln lauwarmem Wasser in einen Mixbecher geben. Die heiße Butter langsam zu den Eiern gießen und dabei mit dem Mixstab verquirlen. Anschließend den Joghurt darunter mixen und mit Salz, Pfeffer und Zitronensaft abschmecken. Zum Schluss den gehackten Basilikum unterheben.

Eine Pfanne mit Öl auspinseln und aus dem Teig dünne Crêpes backen. Kurz bevor sie fertig gebacken sind, die Crêpes jeweils mit Hilfe zweier Gabeln in unregelmäßige Stücke reißen. Zusammen mit den Spargeln und der Joghurtsauce heiß servieren.

Was wäre der Frühling ohne ein ausgiebiges Spargelessen. Hier einmal mit einer etwas leichteren Sauce, die (fast) keine Kalorienängste aufkommen lässt.

Tipp
Kaufen Sie nur ganz frischen Spargel, man erkennt ihn an den weißen Schnittflächen und der festen, unelastischen Konsistenz. Spargel, der Hunderte von Kilometern Transportweg hinter sich hat, kann nicht mehr frisch sein. Achten Sie außerdem auf biologische Qualität. Kaum ein Gemüse wird so mit der chemischen Keule traktiert wie Spargel. Schälen Sie den Spargel erst unmittelbar vor dem Gebrauch. Ungeschälter Spargel lässt sich, in ein feuchtes Tuch gewickelt, einige Tage aufbewahren.

Spargelsoufflé mit Zuckerschotensauce

700 g geschälte Spargel

2 EL Butter

100 g Crème fraîche

3 Eier

2 Eigelb

100 g Zuckerschoten (Kefen)

2 Schalotten

1 EL Butter

100 g enthülste Erbsen

300 ml Gemüsebrühe
(siehe Grundrezepte)

80 g eiskalte Butter in Stückchen

Salz, Cayennepfeffer

Vom Spargel die Spitzen 4–5 cm lang abschneiden. Den Rest der Spargelstangen (ca. 500 g) in Scheiben schneiden und in der Butter mit wenig Gemüsebrühe gar dünsten. Gut abtropfen lassen. In den Mixer geben und mit der Crème fraîche, den Eiern und Eigelben pürieren. Mit Salz und Cayennepfeffer abschmecken.

4–6 Souffléförmchen ausbuttern und mit der Spargelmasse füllen. In einem Wasserbad im Ofen bei 180 °C 20 Minuten stocken lassen.

Die Zuckerschoten säubern und falls nötig entfädeln. Dann in Stücke schneiden. Die Schalotten fein würfeln und in etwas Butter anschwitzen, die Zuckerschoten und die Erbsen dazugeben. Mit der Gemüsebrühe auffüllen und etwa 10 Minuten köcheln lassen. Alles im Mixer fein pürieren, danach durch ein Sieb streichen. Nochmals auf den Herd setzen. Die Butterstückchen einarbeiten und mit Salz und Cayennepfeffer abschmecken.

Die Spargelspitzen in Salzwasser gar kochen.

Die fertigen Spargelsoufflés stürzen und sofort mit der Sauce und den Spargelspitzen anrichten.

Junge Hülsenfrüchte und Spargel sind mit die ersten Frühlingsboten, und wie so oft ist es auch hier: Was zusammen wächst und reift, mag sich offensichtlich.

Tipp
Als Beilage empfehlen wir kleine in Butter geschwenkte Salzkartoffeln.

Paprikagemüse mit Safranrisotto und Orangensauce

Je 2 rote, gelbe und grüne Paprika (Peperoni)

2 Zweige Zitronenthymian

1 Knoblauchzehe

2 EL kaltgepresstes Olivenöl

2 Schalotten

300 g Risottoreis (z. B. Carnaroli)

100 ml Weißwein

ca. 1 l Gemüsebrühe (siehe Grundrezepte), heiß

einige Safranfäden

2 EL Butter

400 ml brauner Gemüsejus (siehe Grundrezepte)

100 ml Portwein

100 ml Orangensaft, frisch gepresst

abgeriebene Orangenschale

Speisestärke

Sojasauce, Salz, Pfeffer

Die Paprika waschen, halbieren, entkernen und im 220 °C heißen Ofen bei Oberhitze etwa 20 Minuten backen, bis die Haut sich bläht und dunkel färbt. Die Paprika etwas abkühlen lassen, dann die Haut abziehen. Mit Salz, Pfeffer, Zitronenthymian und dem zerdrückten Knoblauch würzen. Vier Souffléförmchen mit Olivenöl auspinseln und mit den Paprikahälften füllen.

Die Schalotten fein würfeln und in Olivenöl glasig dünsten. Den Reis dazugeben und unter ständigem Rühren erhitzen, bis er glasig wird. Mit dem Weißwein ablöschen. Dann nach und nach mit der erhitzten Gemüsebrühe auffüllen, dabei ständig rühren, damit der Reis nicht ansetzt. Nach etwa 20 Minuten ist der Risotto fertig; er sollte noch leichten Biss haben, aber auf keinen Fall mehr hart sein. Gegen Ende der Garzeit die Safranfäden dazugeben und einige Minuten mitkochen lassen. Zum Schluss 2 Esslöffel Butter darunter ziehen.

Für die Sauce den Gemüsejus, den Portwein und den Orangensaft zusammen mit der Orangenschale aufkochen. Etwas einkochen lassen, mit der Stärke binden und mit Sojasauce, Salz und Pfeffer würzen.

Die Souffléförmchen im 200 °C heißen Ofen etwa 20 Minuten backen. Anschließend stürzen und mit dem Reis und der Orangensauce servieren.

Frühling, Italien, Risotto – welches Gefühl wecken diese drei Wörter in Ihnen? Fernweh! Holen Sie sich, um Abhilfe zu schaffen, das Mittelmeer in die Küche mit »Verdura di peperoni con risotto allo zafferano e sughetto d'arancia«.

Indonesisches Gemüse mit Kokos-Zitronengras-Sauce

2 Schalotten

Erdnussöl

1 EL thailändische gelbe Currypaste

350 ml Kokosmilch (ungesüßt)

100 ml Gemüsebrühe
(siehe Grundrezepte)

3 Stangen Zitronengras

4 Kaffirlimonenblätter

200 g Broccoli

200 g Minimaiskolben

200 g Karotten

200 g Chinakohl

3 Frühlingszwiebeln

3 Knoblauchzehen

100 ml Gemüsebrühe
(siehe Grundrezepte)

2 EL helle Sojasauce

1 EL Zitronensaft

1 EL gehackte Korianderblätter

Meersalz, Pfeffer

Die Schalotten schälen und grob würfeln. In einem Topf etwas Erdnussöl erhitzen und die Schalotten darin glasig dünsten. Die Currypaste dazugeben, kurz mit anschwitzen, dann mit der Kokosmilch und der Gemüsebrühe auffüllen. Das Zitronengras in feine Scheiben schneiden und mit den Kaffirlimonenblättern zum Fond geben. 20 Minuten leicht kochen lassen, bis die Sauce eine sämige Konsistenz bekommt. Mit Meersalz würzen. Durch ein feines Haarsieb abpassieren und warm stellen.

Das Gemüse waschen. Den Broccoli in kleine Röschen zerteilen. Die Minimaiskolben schräg in grobe Streifen schneiden. Die Karotten schälen und in Stifte schneiden. Den Chinakohl in 5 cm grosse Stücke schneiden. Die Frühlingszwiebeln der Länge nach halbieren und in 3 cm große Stücke schneiden.

In einer beschichteten Pfanne oder in einem Wok etwas Erdnussöl erhitzen. Mais, Broccoli und Karottenstreifen darin 2 Minuten bei ständigem Rühren anbraten. Den Chinakohl, die Frühlingszwiebeln und den zerdrückten Knoblauch dazugeben, mit der Gemüsebrühe, der Sojasauce und dem Zitronensaft ablöschen und unter ständigem Rühren 1–2 Minuten schmoren lassen. Mit Salz und Pfeffer würzen. Mit dem gehackten Koriander bestreut servieren.

Tipp
Reichen Sie dazu einen feinen thailändischen Duftreis.

Spanische Gemüsepaella

1 Zwiebel

3 EL Olivenöl

400 g Paella- oder Risottoreis

1 Lorbeerblatt

ca. 1 1/2 l Gemüsebrühe, warm

3 Beutel gemahlener Safran (je 0,1 g)

1 TL Sambal Oelek

4 Knoblauchzehen

je 1 rote und 1 grüne Paprika (Peperoni)

1 Zucchini

4 kleine Artischocken

150 g Erbsen, ausgelöst

200 g Tomatenconcassé

evtl. noch etwas Gemüsebrühe zusätzlich

100 g schwarze Oliven

2 Zitronen

Salz, Pfeffer, Olivenöl

Die Zwiebel schälen und fein würfeln. Das Olivenöl in einem Topf erhitzen, die Zwiebel darin glasig anschwitzen, den Reis dazugeben und andünsten. Das Lorbeerblatt beifügen. Mit 1/2 Liter der Gemüsebrühe aufgiessen und den Reis unter wiederholtem Rühren köcheln lassen. Nach und nach die restliche Gemüsebrühe dazugießen, immer gerade so viel, wie der Reis aufnehmen kann; etwa 300 ml Gemüsebrühe aufbewahren. Nach etwa 10 Minuten, wenn der Reis noch ziemlich bissfest sein sollte, mit Safran, Sambal Oelek und dem durchgedrückten Knoblauch würzen und nochmals mit Salz und Pfeffer abschmecken. Den Reis auf einem Backblech ausbreiten und abkühlen lassen.

Die Gemüse vorbereiten: Paprika und Zucchini waschen. Die Zucchini in Scheiben und die Paprika in 1 cm breite Rauten schneiden. Von den Artischocken die groben Blätter entfernen und das Herz vierteln. Alles in einer Pfanne in wenig Olivenöl 5 Minuten dünsten, mit Salz und Pfeffer abschmecken.

Die Erbsen 5 Minuten in leicht gesalzenem Wasser kochen, dann kalt abschrecken.

Das Gemüse mit den Tomatenwürfeln unter den Reis mischen und in eine Paellapfanne geben, etwas Gemüsebrühe angießen, mit Alufolie zudecken und im Ofen bei 200 Grad 25 Minuten backen. Sollte der Reis zu trocken werden, noch etwas Gemüsebrühe nachgießen. Zum Schluss die Oliven darauf verteilen und mit Zitronenvierteln servieren.

Holunderblütenparfait mit marinierten Erdbeeren

Für 10 Personen

300 g Holunderblüten

1 l Weißwein

500 ml Wasser

8 Zitronen, Saft

300 g brauner Zucker

3 Eigelb

2 Eier

50 g brauner Zucker

400 ml Rahm

500 g Erdbeeren

2 EL Grand Marnier

Die Holunderblüten kurz mit kaltem Wasser abbrausen und vom Stiel zupfen. Aus Weißwein, Wasser, Zitronensaft und Zucker einen Sirup kochen. Die Holunderblüten in den heißen Sud legen und mindestens 24 Stunden im Kühlschrank ziehen lassen, anschließend abseihen.

Von dem Holunderblütensirup 200 ml abmessen. Mit den Eigelben und den Eiern sowie den 50 g Zucker über einem heißen Wasserbad zu einer dicklichen Creme aufschlagen. Anschließend auf Eiswasser kaltrühren. Den Rahm steif schlagen und unter die Masse ziehen. Die Parfaitmasse in eine Terrinenform füllen und einige Stunden gefrieren lassen.

Die Erdbeeren, falls nötig, waschen und putzen, in Scheiben schneiden und mit dem Grand Marnier vermengen. Zusammen mit jeweils einer Scheibe Parfait anrichten.

Am Ende des Frühjahrs koche ich immer einen größeren Vorrat an Holunderblütensirup ein. Er hält sich, in sterilisierte Flaschen abgefüllt, einige Monate und lässt sich vielfältig verwenden. Im Sommer ergibt er mit Mineralwasser aufgegossen ein köstlich erfrischendes Getränk.

pungitopolo

Mandelblättertürmchen mit Beerensauce

40 g gemahlene Mandeln

2 EL Mehl

4 Eiweiß (Zimmertemperatur)

40 g brauner Zucker

2 EL zerlassene Butter, abgekühlt

500 g Beeren nach Marktangebot

Kleehonig

Zitronensaft

200 ml Rahm

2 EL Zucker

1 Msp. Vanillepulver

Mandeln und Mehl in einer Schüssel vermengen. Das Eiweiß steif schlagen, dabei den Zucker einrieseln lassen und weiter schlagen, bis er sich aufgelöst hat. Das Eiweiß unter die Mandeln ziehen, dann die Butter dazugeben.

Auf einem mit Backpapier ausgelegten Blech die Masse esslöffelweise kreisförmig (10–13 cm Durchmesser) dünn ausstreichen. Am besten geht dies mit einer Schablone aus Pappe oder Kunststoff. Bei 150 °C 8–12 Minuten im Ofen backen und sofort mit einem Spachtel vom Blech nehmen. Die Biskuits auf einem Kuchengitter abkühlen lassen.

Die Hälfte der Beeren mit etwas Kleehonig und Zitronensaft pürieren und durch ein Sieb streichen. Den Rahm mit Zucker und Vanillepulver steif schlagen.

Die abgekühlten Mandelbiskuits, die restlichen Beeren, den steif geschlagenen Rahm und die Fruchtsauce zu kleinen Türmchen übereinander schichten.

Stachelbeerwähe mit roten Johannisbeeren

500 g reife Stachelbeeren

100 g rote Johannisbeeren

300 g süßer Mürbeteig
(siehe Grundrezepte)

200 ml Milch

50 ml Rahm

60 g brauner Zucker

2 Eier

1 Frise Vanillezucker

Die Früchte waschen und die Johannisbeeren von den Stielen zupfen. Den Mürbeteig ausrollen und eine mit Backpapier ausgelegte flache Backform damit auslegen. Den Teig 15 Minuten blindbacken. Für den Guss die restlichen Zutaten miteinander vermengen. Den gebackenen Teigboden mit den Früchten belegen, mit dem Guss bedecken und im Ofen bei 180 °C 30 Minuten stocken lassen.

Zu den Grundpfeilern der Schweizer Küche gehören die Wähen. Eine klassische Rezeptur, an der nichts mehr zu verbessern ist.

Tipp
Dieses Rezept schmeckt auch mit anderen Obstsorten wie säuerlichen Äpfeln oder vorgegarten Rhabarberstückchen.

Rhabarbergratin mit Pernodschaum und Erdbeersorbet

400 g dünne Rhabarberstangen

100 ml Portwein

200 ml Rotwein

50 g brauner Zucker

1 Vanillestange

1 kg Erdbeeren

50 g Kleehonig

etwas Zitronensaft

150 ml Weißwein

3 Eigelb

50 ml Pernod

3 EL Zucker

Vom Rhabarber die Fäden abziehen und die Stangen in 4 cm lange Stücke schneiden. Aus Portwein, Rotwein, Zucker und der aufgeschnittenen Vanillestange einen Sud kochen. In diesem d e Rhabarberstücke nach und nach vorsichtig gar ziehen lassen und anschließend auf ein Sieb zum Abtropfen geben.

Die Erdbeeren putzen, mixen und mit dem flüssigen Kleehonig und Zitronensaft abschmecken. Die Masse in der Eismaschine gefrieren lassen.

Aus Weißwein, den Eigelben, Pernod und Zucker über einem Wasserbad eine dickliche Sauce aufschlagen.

Den Rhabarber auf vier Teller verteilen, mit dem Pernodschaum überziehen und unter dem Grill oder im heißen Ofen bei 250 °C Oberhitze überbacken. Mit einer Kugel Erdbeereis servieren.

Nachdem endlich der lange Winter vorbei ist, freuen wir uns auf die ersten Früchte des Jahres. Dass Rhabarber gar keine Frucht ist, sondern eigentlich zum Gemüse zählt, übersehen wir dabei großzügig.

Tipp
Ohne Eismaschine lässt sich dieses Sorbet leider nicht herstellen. Greifen Sie ersatzweise zu fertiger Tiefkühlware.

Lavendelhonigeis mit Kirschkompott

250 ml Milch

250 ml Rahm

2 EL brauner Zucker

5 Eigelb

100 g Lavendelhonig

500 g Kirschen

200 ml Kirschsaft

50 g Rohrohrzucker

Speisestärke

Milch, Rahm und Zucker zusammen aufkochen und in einer Rührschüssel mit den Eigelben verquirlen. Über einem heißen Wasserbad so lange aufschlagen, bis die Masse dicklich wird. Den Lavendelhonig darin auflösen und die Masse in der Eismaschine gefrieren lassen.

Die Kirschen halbieren und entkernen. Den Kirschsaft mit dem Zucker aufkochen und die Kirschen vorsichtig darin gar ziehen lassen.
Das Kompott mit etwas Speisestärke binden und zu dem Eis servieren.

Tipp
Sollten Sie mich jetzt verfluchen, weil Sie keine Eismaschine haben, hier meine Alternative für Sie: Machen Sie aus dem Ganzen ein Parfait. Zutaten: 500 ml Rahm, 4 EL Wasser, 3 Eigelb, 2 Eier, 100 g Lavendelhonig (Zubereitung wie beim Ahornsirupparfait auf Seite 103).

Vom Kochen im Sommer

Sommerküche! Bekommen Sie nicht allein schon bei diesem Wort Appetit? Für mich ist der Sommer, was das Kochen betrifft, die schönste und reichste Jahreszeit. Die Natur beschenkt uns zu keiner anderen Zeit mit einer solchen Fülle von Gaben. Sie aufzuzählen wäre müßig, es ist einfach alles da – reif, prall und saftig. Nur in dieser Jahreszeit verarbeite ich Tomaten zu kräftigen Essenzen, gefriere den Beerenreichtum zu Sorbetkombinationen oder fülle Zucchiniblüten mit verschiedenen Farcen.

Kochen mit allen fünf Sinnen

Im Allgemeinen wird behauptet, ein guter Koch zeichne sich durch seine besonders feine Zunge aus. Doch das ist nur ein Teil der Wahrheit. Sicher ist ein Koch ohne Geschmackssinn genauso hilflos wie ein blinder Maler oder ein gehörloser Komponist, obwohl es auch da bekanntlich Ausnahmen gibt. Doch auch die anderen Sinne sind für ihn unentbehrlich. Wie soll er feststellen, wenn nicht durch Fühlen, dass die Aubergine frisch ist? Welches Organ zeigt ihm zuerst, dass die Milch sauer ist? Wie soll er beurteilen, dass die Kraftbrühe den richtigen, goldgelben Farbton hat, wenn nicht mit seinen Augen? Setzen Sie daher beim Kochen alle fünf Sinne ein. Kochen fordert Sie ganzheitlich.

Kleine Windbeutel mit Basilikumfrischkäse

1 Portion salziger Brandteig (siehe Grundrezepte)

60 g frisch geriebener Parmesan

1/4 Salatgurke

2 Stangen Bleichsellerie

1 Bund Basilikum

300 g Magerquark

100 g Crème fraîche

etwas Milch

Salz, Pfeffer

Ich liebe Brandteig! Es scheint mir jedes Mal aufs neue ein kleines Wunder zu sein, wie schön er beim Backen aufgeht, und das ohne jedes künstliche Treibmittel. Sollten Sie es noch nie ausprobiert haben, nur Mut, es lohnt sich, und eigentlich ist es ganz einfach.

Den Brandteig nach Grundrezept herstellen und den Parmesan darunter arbeiten. Ein Blech mit Backpapier auslegen und mit Hilfe eines Spritzsacks (mit Sterntülle) etwa 20 kleine Häufchen in Makronenform auf das Blech spritzen. Bei 200 °C im Ofen 20 Minuten schön goldgelb backen.

Die Salatgurke schälen und sehr fein würfeln. Vom Bleichsellerie die Fäden abziehen und die Stangen fein würfeln. Die Basilikumblättchen fein schneiden und alles mit den restlichen Zutaten zu einer glatten Masse verrühren. Unter Umständen etwas Milch dazugeben, damit sie glatter wird.

Die noch warmen Windbeutel aufschneiden und mit dem Quark füllen, sofort servieren.

Tipp
Reichen Sie dazu einen gemischten Blattsalat mit Olivenölvinaigrette oder einen Rohkostteller. Übrig gebliebene Windbeutel lassen sich gut einfrieren. Bei Bedarf auftauen und im Backofen nochmals wärmen.

Tomatengelee mit Sauce Gribiche

Für 10 Personen

4 reife, feste Tomaten

6–8 Artischocken

1 Zitrone

200 g Karotten

100 g grüne Böhnchen

2 TL Agar-Agar

1 l Tomatenessenz
(siehe Rezept Seite 47)

2 fast hart gekochte Eier (8 Minuten)

1 TL Dijonsenf

1 EL Weißweinessig

200 ml Distelöl

1 EL gehackter Kerbel

1 EL kleine Kapern

3 Cornichons

100 g Magerjoghurt

Salz, Pfeffer, Cayennepfeffer

Eine wunderbar erfrischende Vorspeise. Das Tomatengelee ist ein Rezept aus der neuen vegetarischen Vollwertküche, die Sauce ein französischer Klassiker von Paul Bocuse. Die Sauce Gribiche ist eigentlich eine Mayonnaise, nur eben aus gekochten Eiern und damit bei Bedenken in Hinblick auf Salmonellen die perfekte Lösung.

Die Tomaten über Kreuz einritzen, kurz in kochendes Wasser geben, dann sofort in Eiswasser abschrecken. Die Tomaten häuten, halbieren und die Kerne entfernen. Von den Artischocken die Böden auslösen und in Zitronenwasser mit etwas Salz in 15–20 Minuten gar kochen.

Die Karotten in dicke Stifte schneiden, die Böhnchen putzen und beide Gemüse in Salzwasser gar kochen und abschrecken. Eine Terrinenform mit Frischhaltefolie auskleiden und die Gemüse schichtweise einlegen.

Das Agar-Agar mit einigen Esslöffeln Tomatenessenz oder Wasser anrühren und 5 Minuten quellen lassen. Die restliche Tomatenessenz aufkochen und das gequollene Agar-Agar dazugeben. Das Ganze etwa 3 Minuten köcheln lassen, dann vom Herd nehmen und leicht abkühlen lassen. Anschließend die Terrinenform damit auffüllen, dabei darauf achten, dass keine Hohlräume entstehen.

Die gekochten Eier schälen und das Eigelb vom Eiweiß trennen. Das Eigelb durch ein Sieb streichen und mit Salz, Pfeffer, Senf und Essig verrühren, bis eine geschmeidige Paste entsteht. Nun unter ständigem Rühren mit einem Schneebesen das Öl sehr langsam, zuerst nur tropfenweise, einlaufen lassen. Die so entstandene Mayonnaise mit dem gehackten Kerbel, den Kapern und Cornichons vermengen. Den Magerjoghurt untermixen und die Sauce kräftig abschmecken.

Zum Servieren die Terrine stürzen, mit einem scharfen Messer in 1–2 cm dicke Scheiben schneiden und mit der Sauce anrichten.

Gefüllte Kartoffelchips mit Pesto

1 rote Paprika (Peperoni)

1 Knoblauchzehe

Olivenöl

1 Zweig frischer Thymian

4 große Kartoffeln

3 EL Pesto (siehe Grundrezepte)

3 EL Gemüsebrühe (siehe Grundrezepte)

Salz, Pfeffer

Die Paprika mit dem Sparschäler dünn schälen, dann halbieren, die Kerne und die weißen Scheidewände entfernen. Mit einem runden Ausstecher (1 cm Durchmesser) kleine Rondellen ausstechen. Die Knoblauchzehe schälen und in dünne Scheiben schneiden. Das Olivenöl erhitzen und die Paprikascheibchen mit dem Knoblauch kurz anbraten. Mit Salz, Pfeffer und dem Thymian würzen.

Die Kartoffeln schälen und ihnen mit einem Kreisausstecher von 4 cm Durchmesser eine runde Form geben. Die Kartoffeln nun in hauchdünne Scheiben hobeln; dies geht am besten mit einer Aufschnittmaschine oder mit einem Gurkenhobel. Jede Scheibe mit einer Paprikarondelle belegen und mit einer zweiten Kartoffelscheibe abdecken. Mit Küchenpapier bedecken und leicht andrücken. Die gefüllten Kartoffelchips in heißem Olivenöl schön knusprig braten, mit Salz und Pfeffer würzen.

Den Pesto mit der Gemüsebrühe verrühren und leicht erwärmen. Die fertig gebratenen Kartoffelchips auf Küchenpapier abtropfen lassen und auf Teller verteilen. Mit der warmen Pestosauce servieren.

Bestens geeignet zu einem Glas Wein oder als kleiner Gaumenkitzler vor dem eigentlichen Menü.

Gefüllte Paprika mit Oliven und Champignons

4 rote Paprika (Peperoni)

600 g Champignons

200 g schwarze Oliven

50 g Kapern

100 g Paniermehl

kaltgepresstes Olivenöl

4 Knoblauchzehen

1 Zitrone, Saft

Salz, Pfeffer

Die Paprika auf einem Backblech im Ofen bei 200 °C unter mehrmaligem Wenden backen, bis die Haut sich bläht und dunkel färbt (etwa 30 Minuten). Dann die Paprika kurz in Eiswasser abschrecken und die Haut abziehen. Den Stiel entfernen, die Früchte halbieren, die Kerne und die weißen Scheidewände mit einem Löffel herauskratzen.

Champignons, Oliven und Kapern fein würfeln, mit Salz und Pfeffer würzen und mit dem Paniermehl vermengen. Die Paprika damit füllen.

Eine Auflaufform mit Olivenöl auspinseln und die Paprika mit den Knoblauchzehen in die Form geben. Bei 150 °C 1 Stunde im Ofen garen. Den dabei entstandenen Fond mit Zitronensaft, Salz und Pfeffer abschmecken. Die Paprika auskühlen lassen und mit dem Fond bepinseln. Mit frischem Baguette und grünem Salat servieren.

Ein Gericht der mediterranen Küche – leicht und lecker.

Paprikatarte

1 rote Paprika (Peperoni)

1 grüne Paprika (Peperoni)

2 EL Olivenöl

1 Zweig Thymian

1 Knoblauchzehe

1 Schalotte

6 EL Tomatenconcassé
(siehe Grundrezepte)

100 g Blätterteig
(siehe Grundrezepte)

150 g Mozzarella

1 EL geriebener Parmesan

1 EL entkernte schwarze Oliven

Salz, Pfeffer

Die Paprika mit einem Sparschäler dünn schälen, halbieren, die Kerne und die weißen Scheidewände entfernen. Anschließend die Paprikahälften längs in 1–2 cm breite Streifen schneiden.

In einer Pfanne 1 Esslöffel Olivenöl erhitzen und die Paprikastreifen darin anbraten. Mit dem Thymian, der durchgepressten Knoblauchzehe, Salz und Pfeffer würzen und auf einem Teller abkühlen lassen.

Die Schalotte fein würfeln und im restlichen Olivenöl anschwitzen. Das Tomatenconcassé dazugeben, mit Salz und Pfeffer würzen und zu einer dicklichen Sauce einkochen lassen.

Den Blätterteig dünn ausrollen, in eine entsprechende Kuchen- oder Tarteform legen, dabei den Rand glatt schneiden. Im 200 °C heißen Ofen vorbacken. Den Boden etwas abkühlen lassen, dann mit der Tomatensauce bestreichen. Den Mozzarella in Scheiben schneiden und abwechselnd mit den Paprikastreifen auf dem Teigboden verteilen, das Ganze mit dem geriebenen Parmesan bestreuen, die Oliven darauf verteilen und die Tarte im Ofen bei 200 °C in etwa 15 Minuten fertig backen. Zum Servieren die Tarte in vier Stücke schneiden und einen italienischen Salat dazu reichen.

Frittierte Risottobällchen mit Tomaten-Paprika-Sauce

2 Schalotten

200 g Risottoreis

50 ml Weißwein

800 ml Gemüsebrühe

100 g Greyerzer

4 EL Weizenmehl

2 Eier

150 g Paniermehl

1 Zwiebel

2 Knoblauchzehen

2 rote Paprika (Peperoni)

400 g Tomatenconcassé
(siehe Grundrezepte)

Salz, Pfeffer, Olivenöl

Öl zum Frittieren

Basilikumblätter als Garnitur

Die Schalotten fein hacken. 2 Esslöffel Olivenöl in einem Topf erhitzen und die Schalotten darin anschwitzen. Den Reis dazugeben und unter Rühren glasig anschwitzen. Mit dem Weißwein ablöschen und einen Teil der Gemüsebrühe dazugießen. In etwa 15 Minuten unter ständigem Rühren gar kochen. Dabei immer nur so viel Gemüsebrühe nachgießen, wie der Reis aufnehmen kann. Zum Schluss sollte der Reis ziemlich trocken sein. Mit Salz und Pfeffer würzen. Den Reis auf einem Blech ausbreiten und abkühlen lassen.

Den Käse in 12 kleine Würfel schneiden. Vom Risotto am besten mit einem Eisportionierer 12 Kugeln ausstechen. In die Mitte jeder Kugel ein Stück Käse stecken und die Reiskugeln mit feuchten Händen schön rund formen. Die Bällchen zuerst im Mehl, dann in den verrührten Eiern und im Paniermehl wenden und bereitstellen.

Die Zwiebel und den Knoblauch schälen und fein würfeln. Die Paprika halbieren, entkernen und in 1 cm breite Würfel schneiden. Die Zwiebel in Olivenöl anschwitzen, die Paprikawürfel, den Knoblauch und das Tomtenconcassé dazugeben und 10 Minuten schmoren lassen. Mit Salz und Pfeffer würzen.

Die Risottobällchen im auf 170 Grad erhitzten Frittieröl goldgelb backen, auf Küchenpapier abtropfen lassen und mit der Sauce servieren.

Gemüsepizza mit Rucola

20 g frische Hefe

400 g Dinkel- oder Weizenmehl

150–200 ml lauwarmes Wasser

1 TL Salz

4 EL Olivenöl

etwas Öl und Mehl für das Backblech

700 g reife Tomaten

1 Zwiebel

2 Knoblauchzehen

150 g Paprikastreifen

100 g Champignonscheiben

150 g Zucchinischeiben

1 Bund Rucola

100 g schwarze Oliven

400 g Mozzarella

Salz, Pfeffer, Olivenöl

Die Hefe etwas zerbröseln und mit 2 Esslöffel Mehl und wenig lauwarmem Wasser verrühren. 15 Minuten gehen lassen. In einer Schüssel das Salz mit dem Mehl vermischen, den Vorteig, das Wasser und das Olivenöl dazugeben und alles zu einem glatten Teig kneten. Den Teig mit einem Tuch abdecken und rund 30 Minuten an einem warmen Ort gehen lassen, bis sich sein Volumen verdoppelt hat.

In der Zwischenzeit den Belag vorbereiten: Die Tomaten kreuzweise einschneiden, 10 Sekunden in kochendes Wasser geben und sofort kalt abschrecken. Die Haut abziehen und die Tomaten würfeln. Die Zwiebel hacken und in etwas Olivenöl anschwitzen, den zerdrückten Knoblauch und die Tomaten dazugeben und kurz weich kochen, mit Salz und Pfeffer würzen, abkühlen lassen.

Die Paprikastreifen, die gescheibelten Champignons und Zucchini kurz in Olivenöl anschwitzen und beiseite stellen. Den Rucola grob schneiden. Den Mozzarella in Streifen schneiden.

Den Pizzateig nochmals durchkneten (er sollte nicht mehr kleben, sonst noch etwas Mehl dazukneten), in vier Teile schneiden und diese jeweils mit dem Teigroller dünn ausrollen. In vier mit Olivenöl ausgestrichene und mit Mehl bestäubte Pizzaformen oder Kuchenbleche legen. Die Teigböden zuerst mit dem Tomatenragout, dann dem Gemüse und dem Rucola belegen. Zum Schluss mit den Mozzarellastreifen bestreuen. Im 220 Grad heissen Ofen rund 20 Minuten backen.

Tipp
Sie können die Pizzen auch direkt auf einem Backblech backen. Eine raffinierte Variante: Ersetzen Sie den Mozzarella zur Hälfte durch Gorgonzola.

Gebackene Tomaten mit Mascarponefüllung

8 Tomaten

1 Zucchini

2 EL Olivenöl

250 g Mascarpone

3 Eigelb

50 g geriebener Parmesan

1 EL gehackter Basilikum

1 Knoblauchzehe

3 Eiweiß

Salz, Pfeffer

Die Tomaten halbieren und aushöhlen. Die Zucchini in kleine Würfel schneiden und kurz in wenig Olivenöl anschwitzen. Mit Salz und Pfeffer würzen, zum Abkühlen beiseite stellen.

Für die Füllung Mascarpone, Eigelbe, Parmesan und die Basilikumblätter vermengen. Mit der zerdrückten Knoblauchzehe, Salz und Pfeffer würzen. Die Eiweiße steif schlagen und darunter ziehen.

Die Tomaten innen mit Salz und Pfeffer würzen und mit der Mascarponemasse füllen. Die gefüllten Tomaten in eine gebutterte Gratinform setzen und im 180 Grad heißen Ofen 20 Minuten backen.

Nicht gerade für eine Frühjahrsdiät geeignet, aber dafür geschmacklich auf Feinschmeckerniveau. Falls Sie es etwas schlanker mögen, ersetzen Sie den Mascarpone durch italienischen Ricotta.

Tipp
Mit einem Risotto servieren.

Zucchinicreme mit Basilikumklößchen

500 g kleine Zucchini,
etwa daumendick

3 Schalotten

kaltgepresstes Olivenöl

1 Knoblauchzehe

1 Zweig Thymian

400 ml Gemüsebrühe
(siehe Grundrezepte)

200 ml Rahm

200 ml Crème fraîche

1 Portion Brandteig
(siehe Grundrezepte)

2 EL geriebener Parmesan

1 Bund Basilikum, fein gehackt

Cayennepfeffer, Salz

Basilikum als Garnitur

Die Zucchini waschen und die Enden abschneiden, dann der Länge nach halbieren und in feine Scheiben schneiden. Die Schalotten fein würfeln und in Olivenöl anschwitzen. Die Knoblauchzehe dazupressen und mit anschwitzen. Nun den Thymian und die Zucchini dazugeben und kurz weiterdünsten. Mit Brühe, Rahm und Crème fraîche auffüllen, würzen und etwa 15 Minuten gar kochen. Die Suppe anschließend mixen und durchpassieren, nochmals abschmecken.

Den Brandteig nach Rezept herstellen, mit dem Parmesan und dem gehackten Basilikum vermengen. Mit zwei Teelöffeln kleine Klößchen Teig abstechen und in siedendem Salzwasser einige Minuten ziehen lassen. Die Suppe vor dem Servieren nochmals kurz aufmixen, die Klößchen einlegen und mit frischem Basilikum garnieren.

Zucchini sind eigentlich nur gut, solange sie noch klein sind. Dann sind sie aber wirklich gut!

Tomatenessenz mit Artischockenravioli

1,5 l Gemüsebrühe
(siehe Grundrezepte)

500 g reife Tomaten

3 Stengel Basilikum

200 g Gemüsewürfel
(Sellerie, Karotten, Lauch)

3 Eiweiß

2 große Artischocken

1 Zitrone

kaltgepresstes Olivenöl

200 g Nudelteig (siehe Grundrezepte)

Balsamicoessig

Salz, Pfeffer

Die Gemüsebrühe mit den grob zerschnittenen Tomaten, dem Basilikum und den Gemüsewürfeln aufsetzen und mit dem Eiweiß verquirlen. Langsam aufkochen und 1 Stunde vorsichtig ziehen lassen. Durch ein sauberes Küchentuch abgießen, mit Salz, Pfeffer und Balsamicoessig abschmecken.

Von den Artischocken die Böden auslösen, mit der halbierten Zitrone abreiben und in gesalzenem Zitronenwasser 20 Minuten köcheln lassen. Die Böden grob würfeln und im Mixer oder Elektrohacker mit etwas Olivenöl zu einer dicken Paste verarbeiten. Mit Salz und Pfeffer abschmecken.

Den Nudelteig dünn ausrollen und kleine Häufchen der Artischockenpaste darauf verteilen. Die Zwischenräume mit wenig verquirltem Eiweiß bepinseln. Das Ganze mit einer zweiten Schicht Nudelteig bedecken, diese zwischen der Füllung gut andrücken und daraus die Ravioli ausstechen.

Die Ravioli in Salzwasser 2–4 Minuten gar kochen und in der heißen Tomatenessenz servieren.

Tomaten! Nur jetzt schmecken sie so, wie die Natur es vorgesehen hat: süß, saftig, aromatisch. Paradiesäpfel nannten sie unsere Vorfahren, und das zu Recht.

Tipp
Als Einlage eignen sich auch Gnocchi oder noch einfacher etwas gekochter Reis und Tomatenwürfel.

Kohlrabischaum mit Sommertrüffel

2 mittelgroße Kohlrabi

2 Schalotten

1 EL Butter

600 ml Gemüsebrühe (siehe Grundrezepte)

300 ml Rahm

1–2 Sommertrüffel

2 EL geschlagener Rahm

Salz, Pfeffer, Muskat

Die Kohlrabi schälen und in Würfel schneiden. Die Schalotten fein würfeln und in der Butter andünsten. Die Kohlrabiwürfel dazugeben, kurz weiterdünsten, mit Brühe und Rahm auffüllen und etwa 20 Minuten gar kochen. Dann die Suppe gründlich mixen, durchpassieren und abschmecken.

Die Trüffel abbürsten und in feine Scheiben hobeln. Die heiße Suppe kurz aufmixen, den geschlagenen Rahm darunter ziehen und mit den Trüffelscheiben garnieren.

So mancher Gourmet spricht dem Sommertrüffel das Recht ab, diesen edlen Namen zu tragen. Zugegeben, ein Périgord- oder Albatrüffel schmeckt natürlich völlig anders und besser. Aber ich finde, auch die so genannten Sommertrüffel haben einen charmanten nussigen Geschmack.

Basilikumkraftbrühe mit Gnocchi

1,2 l Gemüsebrühe (siehe Grundrezepte)

200 g reife Tomaten

2 Bund Basilikum

200 g Gemüsewürfel (Karotten, Sellerie, Lauch)

2 Eiweiß

Balsamicoessig, Sojasauce

Salz, Pfeffer

250 ml Milch

2 EL Butter

100 g Hartweizengrieß

2 Eier

3 EL Parmesan, frisch gerieben

Die Gemüsebrühe mit den gewürfelten Tomaten, der Hälfte des Basilikums, den Gemüsewürfeln und dem Eiweiß ansetzen und klären (siehe Rezept Tomatenessenz Seite 47). Durch ein Tuch abgießen und mit Balsamicoessig, Sojasauce, Salz und Pfeffer abschmecken.

Für die Gnocchi die Milch mit etwas Salz, Pfeffer und der Butter aufkochen. Den Grieß unter Rühren einrieseln lassen, kurz aufkochen und 5 Minuten quellen lassen. Mit den Eiern, einem halben Bund gehacktem Basilikum und dem Parmesan vermengen. Mit einem Teelöffel kleine Klößchen abstechen und in siedendem Salzwasser etwa 5 Minuten gar ziehen lassen. Mit einem Schaumlöffel aus dem Wasser heben und in die heiße Suppe geben, mit dem restlichen Basilikum garnieren.

Basilikum zählt zu meinen Lieblingskräutern. Es lässt sich vielseitig einsetzen, ob als Pesto zu Spaghetti oder im italienischen Salat, für eine Basilikumquiche oder als Aromaträger von Basilikumöl. Nur Sonne muss es genug abbekommen haben, sonst schmeckt dieses Wunderkraut grasig und grün.

Spinatravioli mit Gorgonzolasauce

500 g Blattspinat

2 Schalotten

Olivenöl

1 Knoblauchzehe

1 Bund Basilikum, gehackt

100 g Mozzarella, fein gewürfelt

30 g Parmesan, frisch gerieben

250 g Nudelteig (siehe Grundrezepte)

1 Eiweiß zum Bestreichen

Mehl zum Bestäuben

300 ml Weißweinsauce (siehe Grundrezepte)

100 g Gorgonzola, gewürfelt

Salz, Pfeffer

Den Spinat putzen, waschen und in Salzwasser kurz kochen. Anschließend sofort in Eiswasser abschrecken, gründlich auspressen und fein hacken. Die Schalotten würfeln und in Olivenöl anschwitzen, die gepresste Knoblauchzehe und den gehackten Spinat dazugeben, mit Salz und Pfeffer würzen und gar dünsten. Abkühlen lassen, dann mit dem gehackten Basilikum, dem fein gewürfelten Mozzarella und dem Parmesan vermengen.

Den Nudelteig dünn ausrollen und kleine Häufchen Spinat darauf verteilen. Die Zwischenräume mit Eiweiß bestreichen, das Ganze mit einer zweiten Teigschicht bedecken und diese zwischen der Füllung gut andrücken. Daraus Ravioli ausstechen, auf ein bemehltes Küchentuch legen und kühl stellen.

Die Weißweinsauce aufkochen, den Gorgonzola langsam darin auflösen, abschmecken und nicht mehr kochen lassen.

Die Ravioli in Salzwasser mit einem Schuss Olivenöl in wenigen Minuten gar kochen, auf einem Sieb abtropfen lassen und sofort servieren.

Tipp
Sollten Sie sich öfter an Ravioli versuchen wollen, ist ein spezielles Raviolibrett mit kleinen Vertiefungen sehr hilfreich. Übrig gebliebene Ravioli lassen sich gut einfrieren. Andere interessante Raviolifüllungen sind z. B. eine Farce aus Pfifferlingen (Eierschwämmen) oder Steinpilzen, Gemüsepüree oder Schalottenconfit.

Gefüllte Zucchiniblüte mit geschmolzenen Tomaten und Kartoffelgnocchi

500 g Kartoffeln

4 Eigelb

100 g Mehl

2 EL Hartweizengrieß

3 mittelgroße Zucchini

2 Schalotten

Olivenöl

1/2 Knoblauchzehe

1 Zweig Thymian

50 g frisches Paniermehl

4 große Zucchiniblüten

3 EL Bratbutter

6 reife Freilandtomaten, enthäutet und gewürfelt

100 g kalte Butter in Stückchen

Salz, Pfeffer

Die Kartoffeln in der Schale in Salzwasser gar kochen, schälen und noch warm durch die Kartoffelpresse drücken. Etwas abkühlen lassen und mit zwei Eigelben, dem Mehl und Weizengrieß zu einem griffigen Teig verkneten (sollte er noch kleben, etwas mehr Mehl dazugeben). Den Teig zu einer Rolle formen und in 1 cm dicke Scheiben schneiden. Die Scheiben über eine Gabel abrollen, um ihnen das typische Rillenmuster zu geben. In Salzwasser gar ziehen lassen, bis sie an die Oberfläche steigen. Die Gnocchi in Eiswasser abschrecken und auf einem Küchentuch abtropfen lassen, kühl stellen.

Die drei Zucchini in grobe Streifen raspeln. Die Schalotten fein würfeln und in Olivenöl glasig dünsten. Die Zucchinistreifen dazugeben und unter ständigem Rühren möglichst viel Flüssigkeit verdampfen lassen. Mit dem zerdrückten Knoblauch, dem Thymian, Salz und Pfeffer würzen. Die abgekühlte Masse mit dem Paniermehl und den restlichen beiden Eigelben vermengen.

Von den Zucchiniblüten die Stempel entfernen und die Blüten mit der abgekühlten Zucchinimasse füllen. Die Zucchiniblüten in einem Topf auf einen Dämpfeinsatz legen und mit etwas Olivenöl beträufeln. Bei geschlossenem Deckel 10 Minuten dämpfen.

In der Zwischenzeit die Gnocchi in der Bratbutter knusprig braten. Für die Sauce die Tomatenwürfel in Olivenöl anschwitzen und die kalten Butterstückchen nach und nach dazugeben, bis eine sämige Sauce entsteht, diese mit Salz und Pfeffer würzen. Alles sofort heiß servieren.

Dass die wunderschönen gelben Blüten der Zucchini essbar sind, setzt viele Menschen zumindest nördlich der Alpen in Erstaunen. In Italien oder Südfrankreich hingegen ist diese Zubereitung bekannt und beliebt.

Tipp
Sie können die Zucchiniblüten auch durch einen Ausbackteig ziehen und frittieren. Auch eine Füllung aus fein gehackten und gedünsteten Champignons ist möglich.

Couscous mit schwarzen Oliven und Artischockenragout

120 g Couscous

2 EL Butter

100 g schwarze Oliven

4 große Artischocken

1 Zitrone, Saft

Olivenöl

300 ml Weißweinsauce
(siehe Grundrezepte)

2 EL geschlagener Rahm

Den Couscous nach Packungsvorschrift garen und die Butter darunter mischen. Die Oliven entkernen und klein schneiden, mit dem Couscous vermengen, abschmecken und warm stellen.

Die Artischockenböden auslösen, mit Zitronensaft einreiben und sofort in leicht gesalzenem Zitronenwasser gar kochen. Die Böden im Kochfond abkühlen lassen. Die Artischockenböden jeweils in Sechstel teilen und in Olivenöl knusprig anbraten.

Die Weißweinsauce erhitzen, aufmixen und den Schlagrahm darunter heben.

Den Couscous in vier gebutterte kleine Timbale- oder Souffléformen geben und auf die Teller stürzen. Mit der Sauce und den Artischocken anrichten.

Dieses Gericht ist als Zwischengang für ein größeres vegetarisches Menü berechnet. Für ein Hautgericht empfehle ich Ihnen, die doppelte Menge Couscous zu nehmen. Denn es soll ja auch in der vegetarischen Küche niemand hungrig vom Tisch aufstehen. Couscous passt auch sehr gut als Beilage zu Ratatouillegemüse.

Gemüsespieß mit Vollkorn-Basmatireis und thailändischer Würzsauce

2 Schalotten

Olivenöl

600 g reife Tomaten, gewürfelt

100 ml Weißwein

200 ml Tomatensaft

Chili-Koriander-Paste (Asienladen)

200 g brauner Basmatireis

1 rote Paprika (Peperoni)

1 gelbe Paprika (Peperoni)

150 g Tofu, küchenfertig gewürzt

150 g Shiitakepilze

1 Zucchini

Salz, Pfeffer, Pflanzenöl

Die Schalotten würfeln und in etwas Olivenöl anschwitzen. Die gewürfelten Tomaten, den Weißwein und den Tomatensaft dazugeben. 30–40 Minuten kochen lassen, dann durchpassieren. Mit der Chili-Koriander-Paste, Salz und Pfeffer abschmecken.

Den Reis in 400 ml Wasser mit etwas Salz gar kochen (ca. 30 Minuten). Am Herdrand 20 Minuten nachquellen lassen.

Die geputzten, entkernten Paprikaschoten in 2–3 cm große Vierecke schneiden. Den Tofu in gleich große, dünne Scheiben schneiden. Von den Shiitakepilzen die Stiele entfernen und die Pilzkappen ebenfalls viereckig zurechtschneiden. Die Zucchini in Scheiben schneiden. Das Gemüse, die Pilze und den Tofu abwechselnd auf Holzspieße stecken und gut zusammendrücken. In Pflanzenöl von allen Seiten kräftig anbraten, mit Chili-Koriander-Paste bepinseln und mit Salz und Pfeffer würzen. Mit der heißen Sauce und dem Reis servieren.

Tipp
Sie können die Chili-Koriander-Paste auch selbst zubereiten. Hier das Rezept: Korianderblätter, frische grüne Chilis, Zitronenschale, Knoblauch, gemahlene Korianderkörner, gemahlenen Kreuzkümmel, Kurkuma, Salz und Olivenöl im Elektrobacker zu einer feinen Paste verarbeiten.

Junge Bohnen, mit Ziegenfrischkäse gratiniert, auf Barberasauce

300 ml brauner Gemüsejus
(siehe Grundrezepte)

300 ml kräftiger Barbera
(italienischer Rotwein)

100 ml Portwein

Speisestärke

80 g eiskalte Butter in Stückchen

800 g grüne Bohnen

2 Schalotten

1 EL Butter

1 Bund Bohnenkraut

160 g Ziegenfrischkäse

Salz, Pfeffer

Den Gemüsejus mit dem Rotwein und dem Portwein aufkochen und auf die Hälfte einkochen lassen. Leicht mit etwas in Wasser angerührter Stärke binden. Die eiskalten Butterstückchen nach und nach in die heiße Sauce einrühren.

Die Bohnen waschen und putzen. In Salzwasser gar kochen und danach in Eiswasser abschrecken. Die Schalotten fein würfeln und in der Butter anschwitzen. Das gezupfte Bohnenkraut und die abgetropften Bohnen dazugeben und alles einige Minuten dünsten. Anschließend die Bohnen in vier Häufchen in eine gebutterte Gratinform setzen, jeweils mit einer Scheibe Ziegenkäse belegen und kurz unter dem Grill oder im sehr heißen Ofen bei Oberhitze überbacken.

Als Beilage servieren Sie dazu rohe, in Olivenöl gebratene Kartoffelscheiben.

Grüne Bohnen gehören zu meinen Lieblingsgemüsen. Dabei gibt es große Unterschiede im Geschmack. Geben Sie Freilandbohnen aus biologischem Anbau den Vorzug. Gerne nehme ich auch die etwas derberen Stangenbohnen, die meist einen schönen, kräftigen Bohnengeschmack haben. Die kleinen Keniabohnen (meist Importware) schmecken dagegen fast belanglos.

Crêpes, mit Sprossengemüse gefüllt

100 g Weizenmehl
(Type 1050, Ruchmehl)

2 Eier

2 Eigelb

100 ml Milch

100 ml Mineralwasser

2 EL flüssige Butter

Bratbutter

250 g gemischtes Gemüse
(z.B. Karotten, Sellerie, Lauch)

150 g Sojasprossen

2 EL Erdnussöl

150 g geriebener Greyerzer

2 Schalotten

2 EL Olivenöl

2 Knoblauchzehen

400 g Tomatenconcassé

100 g entsteinte Oliven

2 EL gehackter Basilikum

Salz, Pfeffer

Das Mehl mit den Eiern, den Eigelben, der Milch, dem Mineralwasser und der flüssigen Butter zu einem glatten Teig verrühren. 30 Minuten ruhen lassen. Anschließend in einer beschichteten Pfanne in wenig Bratbutter daraus 8 dünne Crêpes backen, warm stellen.

Das Gemüse und die Sprossen waschen. Die Gemüse schälen und in feine Streifen schneiden. In einer Pfanne in wenig Erdnussöl unter ständigem Rühren einige Minuten garen. Mit Salz und Pfeffer würzen.

Die Crêpes mit dem Gemüse füllen, in eine gebutterte Auflaufform setzen und mit dem geriebenen Käse bestreuen. Im 180 Grad heissen Ofen 20 Minuten gratinieren.

Inzwischen die Schalotten fein würfeln. In einem Topf das Olivenöl erhitzen und die Schalotten darin glasig dünsten. Den Knoblauch dazupressen, die Tomaten beifügen und bei mäßiger Hitze 5 Minuten dünsten. Die Oliven würfeln und darunter mischen. Zum Schluss den Basilikum dazugeben. Mit Salz und Pfeffer würzen. Die Tomatensauce zu den Crêpes servieren.

Tipp
Als Füllung passen auch sehr gut gebratene Pilze, gedünsteter Chicorée oder Blattspinat.

Spaghetti mit Rucolapesto

150 g junger, zarter Rucola

3 Knoblauchzehen

50 g Pinienkerne

1 gestrichener TL Meersalz

150 ml kaltgepresstes Olivenöl

50 g geriebener Parmesan

1 Rezeptmenge Nudelteig (siehe Grundrezepte)

2 EL Olivenöl

Salz

Den Rucola waschen, in einem Sieb abtropfen lassen und grob hacken. Den Knoblauch schälen und fein hacken. Rucola, Knoblauch, Pinienkerne und Meersalz in den Mixer oder Cutter geben. Mit dem Olivenöl aufgießen und alles kurz pürieren. Zum Schluss den Parmesan darunter mixen. Nicht zu lange und nicht zu kräftig mixen, da der Pesto sonst bitter wird.

Den Nudelteig durch die Nudelmaschine drehen und zum Schluss durch den Spaghettiaufsatz lassen. Die Spaghetti in leicht gesalzenem Wasser, dem Sie 2 Esslöffel Olivenöl beigeben, gar kochen. Abschütten, kurz abtropfen lassen und in einer Schüssel mit dem Pesto verrühren und sofort servieren.

Tipp
Ersetzen Sie den Rucola durch frischen Basilikum, erhalten Sie den traditionellen Pesto alla genovese.

Übrigens können Sie Pesto auch im Mörser zubereiten, indem Sie die Zutaten zu einer feinen Paste reiben. Das Olivenöl wird dann, allerdings in kleinerer Menge, zum Schluss darunter gearbeitet.

Pikantes Couscous mit Okraschotengemüse

100 g Kichererbsen

4 Tomaten

150 g Okraschoten (im gut sortierten Gemüsehandel oder Asienladen)

2 kleine Zwiebeln

1 kleine Aubergine

1 gelbe Paprika (Peperoni)

1 Zucchini

2 Chilischoten

1 Zweig Rosmarin

1 TL Paprikapulver (edelsüß)

2 Knoblauchzehen

300 ml Gemüsebrühe

Salz, Pfeffer, Olivenöl

2 EL weißer Balsamicoessig

200 g Couscous-Grieß

Die Kichererbsen über Nacht in kaltem Wasser einweichen. Am nächsten Tag das Wasser abgießen und die Kichererbsen mit frischem Wasser bedeckt 20–30 Minuten gar kochen.

Sämtliche Gemüse waschen. Die Tomaten kurz in kochendes Wasser geben, kalt abschrecken und anschließend die Haut abziehen.
Von den Okraschoten den Stielansatz entfernen und die Schoten in leicht gesalzenem, mit 3 Esslöffel Essig gemischtem Wasser 5 Minuten kochen, danach kalt abschrecken. Die Zwiebeln schälen.

Aubergine, Paprika, Zucchini, Tomaten und Zwiebeln in grobe Würfel schneiden und in einem Topf in Olivenöl anschwitzen. Die Chilischoten entkernen und zusammen mit dem Rosmarin zum Gemüse geben.
Mit Salz, Pfeffer, dem Paprikapulver und dem zerdrückten Knoblauch würzen. Mit der Gemüsebrühe ablöschen und zugedeckt 20 Minuten köcheln lassen. Zum Schluss die Okraschoten dazugeben und mit dem Balsamicoessig abschmecken.

Den Couscous in eine vorgewärmte Schüssel geben und mit kochendem Wasser übergießen, so dass er fingerbreit damit bedeckt ist. Zugedeckt 5 Minuten quellen lassen. Mit einer Gabel auflockern und leicht salzen. Mit dem Gemüse und den Kichererbsen servieren.

Gratiniertes Ratatouillegemüse mit Basmatireis

2 Zwiebeln

2 kleine Zucchini

1 Aubergine

je 1 rote, gelbe und grüne Paprika (Peperoni)

500 g reife Tomaten

3 EL Olivenöl

3 Knoblauchzehen

2 Zweige Rosmarin

200 kräftiger Rohmilchkäse, gerieben

Salz, Pfeffer

250 g Basmatireis

Die Zwiebeln schälen und in Würfel schneiden. Die restlichen Gemüse waschen. Die Zucchini in Scheiben schneiden, die Aubergine der Länge nach vierteln und ebenfalls in Scheiben schneiden. Die Paprikaschoten halbieren, entkernen und in 2 cm grosse Vierecke schneiden. Die Tomaten kreuzweise einschneiden und kurz in kochendes Wasser geben, kalt abschrecken und die Haut abziehen. Die Tomaten grob würfeln.

Das Olivenöl in einem Topf erhitzen und sämtliche Gemüse bis auf die Tomaten darin anschwitzen. Zum Schluss die Tomaten dazugeben, die Knoblauchzehen, schälen und fein hacken, ebenfalls dazugeben. Die Rosmarinnadeln hacken und darüber streuen. Mit Salz und Pfeffer würzen und zugedeckt 20 Minuten dünsten. Zum Schluss den Deckel abnehmen und den Schmorfond 5 Minuten etwas einkochen lassen.

Das Gemüse in eine gebutterte Auflaufform geben, mit dem Käse bestreuen und 15 Minuten im Backofen bei 220 Grad gratinieren.

In der Zwischenzeit für den Reis 2 Liter leicht gesalzenes Wasser in einem Topf zum Kochen bringen. Den Reis hineingeben und 10 Minuten kochen lassen. In einem Sieb abtropfen lassen, zurück in den Topf geben und bei geschlossenem Deckel noch einige Minuten in der Nähe des Herds quellen lassen (so wird er schön locker und luftig). Zusammen mit dem Gratin servieren.

Aubergine-Zucchini-Tian

500 g kleine Auberginen

500 g Zucchini

300 g Zwiebeln

2 Knoblauchzehen

600 g Tomaten

1 Zweig frischer Rosmarin

300 g Mozzarella

50 g geriebener Parmesan

5 EL Olivenöl

Salz, Pfeffer

Die Auberginen in etwa 5 mm dicke Scheiben schneiden und in einer beschichteten Pfanne in etwas Olivenöl von beiden Seiten anbraten, bis sie fast weich sind, dann zum Entfetten auf Küchenpapier legen.

Die Zucchini ebenfalls in Scheiben schneiden. Die Zwiebeln schälen und in Streifen schneiden. Die Zwiebelstreifen in einer Pfanne in wenig Olivenöl goldgelb andünsten, mit dem zerdrückten Knoblauch, Salz und Pfeffer würzen.

Die Tomaten kreuzweise einschneiden, kurz in kochendes Wasser geben, kalt abschrecken und die Haut abziehen.

Eine Auflaufform mit den Zwiebelstreifen auslegen. Aubergine, Zucchini und Tomaten fächerartig darauf verteilen. Mit Salz und Pfeffer würzen und mit gezupftem Rosmarin bestreuen. Den Mozzarella in Scheiben schneiden und den Gratin damit belegen. Mit dem Parmesan bestreuen und bei 180 Grad auf der mittleren Schiene des Ofens 40 Minuten backen.

Tipp
Servieren Sie dazu ein goldgelbes Safranrisotto.

Aprikosenkompott in der Hippentulpe mit Vanillesauce

100 g gesiebtes Mehl (Type 1050, Ruchmehl)

100 g brauner Zucker

80 g Butter, flüssig

4 Eiweiß

200 ml Weißwein

200 ml Wasser

600 g Aprikosen

200 g Kleehonig

1/2 Zitrone, Saft

2 Vanillestangen

300 ml Milch

300 ml Rahm

80 g brauner Zucker

1 TL Speisestärke

4 Eigelb

Das Mehl mit dem Zucker vermengen und mit der flüssigen Butter zu einem Teig verrühren. Das Eiweiß kräftig verquirlen und nach und nach mit dem Teig vermengen. 2 Stunden ruhen lassen.

Den Teig auf Backpapier zu 10 cm großen Kreisen ausstreichen. Bei 200 °C etwa 5 Minuten backen. Mit einem Metallspachtel die Teigrondellen sofort vom Blech nehmen und in Tassen stülpen. Auskühlen lassen.

Weißwein und Wasser aufkochen, die halbierten, entsteinten Aprikosen dazugeben und langsam gar ziehen lassen. Das fertige Kompott mit dem Kleehonig süßen und mit Zitronensaft abschmecken. Die Vanilleschoten der Länge nach aufschlitzen und das Mark herauskratzen.
Mit Milch, Rahm und Zucker aufkochen, 5 Minuten ziehen lassen und mit der angerührten Speisestärke binden. Die Eigelbe in eine Rührschüssel geben und die kochend heiße Sauce unter ständigem Rühren dazugeben. Das abgekühlte Kompott in die Hippentulpen füllen und mit der abgekühlten Vanillesauce servieren.

Wer schon einmal in südlichen Gefilden reife Aprikosen direkt vom Baum probiert hat, wird es nicht leicht haben, sich an die »nebligen« Früchte zu gewöhnen, die hier bei uns auf den Wochenmärkten angeboten werden. Ich behelfe mich, indem ich den Aprikosen durch Garen die entgangenen Sonnenstunden quasi nachträglich spendiere.

Crêpe mit frischen Himbeeren und Joghurteis

Den Rahm mit dem Zucker und 100 g Kleehonig aufkochen. Die Eigelbe in eine Rührschüssel geben, mit dem heißen Rahm verquirlen und über einem Wasserbad zu einer dicklichen Creme aufschlagen. Die Rührschüssel in Eiswasser setzen und die Creme kaltschlagen. Anschließend den Joghurt darunter heben, mit Zitronensaft abschmecken und in der Eismaschine gefrieren lassen.

Die Himbeeren verlesen und die Hälfte davon mit den restlichen 50 g Kleehonig mixen. Anschließend durch ein feines Haarsieb streichen, um die Kerne zu entfernen.

Aus den restlichen Zutaten einen Crêpeteig rühren, diesen 20 Minuten ruhen lassen. Dann in einer kleinen, flachen Pfanne in wenig Öl dünne Crêpes ausbacken. Sofort auf vorgewärmte Teller legen, mit Himbeersauce beträufeln, mit frischen Himbeeren garnieren und zusammen mit dem Joghurteis servieren.

500 ml Rahm

100 g brauner Zucker

150 g Kleehonig

8 Eigelb

500 ml Joghurt (3,5 % Fett)

1 Zitrone, Saft

700 g frische Himbeeren

70 ml Wasser

70 ml Milch

2 Eier

70 g Mehl

1 EL brauner Zucker

Pflanzenöl

Gibt es etwas Feineres als eine Schale reifer, süßer Himbeeren? Für mich jedenfalls zählen diese kleinen göttlichen Früchte zu den großen Delikatessen. Und wie bei fast allen besonderen Genüssen gilt auch hier: je einfacher und unkomplizierter die Zubereitung, desto besser.

Linzertorte à la Schöpflin

Für 4 Stück

1 kg Mehl

1 Prise Backpulver

etwas Salz

1 kg Pflanzenmargarine

800 g gemahlene Haselnüsse

200 g gemahlene Walnüsse

50 g gemahlenes Zitronat

50 g gemahlenes Orangeat

3 Eier

2 Gläschen Kirschwasser

50 g geriebene Schokolade

2 TL Zimt

600 g Zucker

1/2 TL gemahlene Nelken

1 Glas Himbeermarmelade

1 Eigelb zum Bestreichen

Aus sämtlichen Zutaten außer der Marmelade einen Teig kneten.
Frau Schöpflin empfiehlt, den Teig 1–2 Tage vor dem Backen zuzubereiten und, in Plastikfolie gewickelt, im Kühlschrank ruhen zu lassen.

Den Teig etwa fingerdick in ein gut gefettetes Blech drücken, mit einer Gabel mehrmals einstechen. Die Himbeermarmelade so darauf streichen, dass man den Teig nicht mehr sieht. Mit einer Teigspritze einen hübschen Rand und ein Kreuzgitter spritzen. Zuletzt den Kuchen mit Eigelb, das man mit etwas Wasser aufgeschlagen hat, bestreichen.
Bei 200 °C etwa 1/2 Stunde backen.

Dies ist eine besonders saftige Variante dieser österreichischen Spezialität. Ein Originalrezept von Frau Schöpflin aus dem Markgräfler Land, die jeden Frühsommer ihre wunderbaren Himbeeren liefert.
Frau Schöpflins Backphilosophie: Vier Kuchen machen genauso viel Arbeit wie einer, und Esser werden sich schon einfinden.

Exotischer Obstsalat

1 Mango

2 Kiwis

1 Sternfrucht

1 kleine Galiamelone

200 g Erdbeeren

2 Miniananas

3 EL Grand Marnier

4 Zweige Pfefferminze

Die Mango und die Kiwis schälen und in nicht zu kleine, mundgerechte Stücke schneiden. Die Sternfrucht in Scheiben schneiden. Die Galiamelone halbieren, die Kerne entfernen und mit einem Kugelausstecher aus dem Fruchtfleisch kleine Kugeln ausstechen. Die Erdbeeren waschen, den grünen Stielansatz entfernen, die Früchte halbieren oder vierteln.

Die Miniananas der Länge nach halbieren und mit Hilfe eines Kugelausstechers aushöhlen (die Schalenhälften werden zum Anrichten verwendet). Das Ananasfruchtfleisch mit dem restlichen Obst vorsichtig vermengen und mit dem Grand Marnier beträufeln.

Zum Servieren den Obstsalat in die vier Ananashälften verteilen und mit der Pfefferminze garnieren.

Kirschstrudel

500 g entsteinte, feste Kirschen

1 EL Kirschschnaps

2 EL Zucker

1 unbehandelte Zitrone

60 g Paniermehl

50 g Mandelblättchen

1 Portion Strudelteig
(siehe Grundrezepte)

2 EL geklärte Butter

250 ml Rahm

1 Eigelb zum Bestreichen

Mehl zum Ausrollen des Teiges

Die entsteinten Kirschen mit dem Kirschschnaps 1 Stunde marinieren. Anschließend abtropfen lassen, mit dem Zucker, der abgeriebenen Zitronenschale, 40 g Paniermehl und den Mandelblättchen vermengen. Den Strudelteig auf einem bemehlten Küchenhandtuch ausrollen, dann über den Handrücken hauchdünn ausziehen. Den dicken Teigrand abschneiden, so dass ein Rechteck entsteht. Den Strudelteig mit flüssiger, aber nicht mehr heißer geklärter Butter bestreichen und mit dem restlichen Paniermehl bestreuen.

Die Kirschen auf dem unteren Teigende verteilen und den Strudel durch Anheben des Tuches langsam einrollen. Die Ränder mit Eigelb bestreichen und zusammenpressen. Den Strudel auf ein mit Backpapier ausgelegtes Blech heben und mit Eigelb bestreichen. Im 180 °C heißen Ofen 20–30 Minuten goldgelb backen.

Den Rahm steif schlagen und zu dem noch warmen Strudel servieren.

Tipp
Sollten Sie mit Strudelteig wenig Erfahrung haben, hier ein kleiner Hinweis: Der Strudelteig lässt sich am besten ziehen, wenn er vorher einige Stunden ruhen durfte. Sollte Ihnen das Ganze trotzdem zu heikel sein, nehmen Sie fixfertigen Strudelteig. Oder verwenden Sie Blätterteig, den Sie dann aber nur einmal um die Kirschenfüllung rollen.

Melonensüppchen mit Champagner

2 kleine Galia- oder Charentaismelonen

1 Honigmelone

300 g Wassermelone

1 Zitrone, Saft

1 Orange, Saft

1–3 El Akazienhonig

100 ml Champagner, kalt

Pfefferminze zum Garnieren

Die Galia- und Honigmelonen halbieren und für die Einlage mit einem Ausstecher etwa 16 kleine Kugeln ausstechen. Das restliche Fruchtfleisch auslösen und beiseite stellen (die Schalen werden noch gebraucht). Aus der Wassermelone ebenfalls einige Kugeln ausstechen. Nun vom Fruchtfleisch der Galia- und Honigmelonen 500 g abwiegen und mit Zitronensaft, Orangensaft und Honig fein pürieren.

Die ausgehöhlten vier Galimelonenhälften unten vorsichtig glatt schneiden, die Melonenkugeln hineingeben. Das Melonenpüree mit dem Champagner verrühren und in die Melonenhälften geben. Mit Pfefferminze garniert servieren.

Gebackene Pfirsiche mit Zabaione

4 Pfirsiche

125 g Mandelkekse

2 Eigelb

1 EL Zitronensaft

1 EL Ahornsirup

24 geschälte Mandeln

100 ml Vin Santo
oder ein lieblicher Weißwein

4 Eigelb

40 g Zucker

100 ml Marsala

Die Pfirsiche halbieren und den Stein entfernen. Die Kekse in einen Gefrierbeutel geben und mit dem Teigroller zerdrücken. Mit den Eigelben, dem Zitronensaft und dem Ahornsirup vermengen und die Pfirsichhälften damit füllen. Mit jeweils 3 Mandeln belegen.

Die Pfirsiche in eine ausgebutterte Auflaufform setzen, den Wein angießen und die Pfirsiche bei 180 Grad im Ofen 30 Minuten backen.

Für die Zabaione die Eigelbe mit dem Zucker schaumig rühren. Den Marsala dazugeben und in einem Rührkessel über dem Wasserbad mit einem Schneebesen schaumig schlagen, bis die Zabaione eine cremige Konsistenz hat. Warm zu den Pfirsichen servieren.

Tipp
Mit etwas Übung können Sie die Zabaione auch in einem Topf mit abgerundetem Rand und dickem Sandwichboden bei mittlerer Hitze direkt auf der Herdplatte aufschlagen.

Vom Kochen im Herbst

Die Natur zieht sich zurück, aber nicht, ohne noch einmal ihre ganze Pracht zu entfalten. So unterschiedlich der Herbst sich mit seinen leuchtenden Farben und seinen grauen Tagen zeigt, so zwiespältig werden meine Gefühle beim Gedanken an den nicht mehr fernen Winter. Kulinarisch bietet uns der Herbst seinen ganz eigenen Beitrag. Die letzten Obstsorten wie Äpfel und Birnen werden endlich reif, die letzten Beeren des Jahres, die Brombeeren, erinnern uns noch einmal an die warmen Sonnenstunden. In den Weinbergen reifen die Weintrauben. Die herrlichsten Waldpilze schießen aus den feuchten Böden. Große Kürbisse liegen einladend leuchtend auf den Feldern.

Vom Wein

Ich will hier nicht das ohnehin bekannte Regelwerk über Wein und Essen wiederholen. Nur ein paar Tipps, die Sie beachten sollten: Trockene Weine harmonieren mit dem Essen besser als halbtrockene oder süße (außer natürlich zu Desserts). Zu meinen leichten Gemüsegerichten passen eher leichte Weiß- oder Rotweine, zu wuchtige Weine würden die feinen Kreationen erschlagen.

Steinpilzterrine mit Feldsalat

Für 10 Personen

1 Kopf Wirsing (Wirz)

500 g kleine Steinpilze

300 g Champignons

1 EL Olivenöl

2 EL Balsamicoessig

2 rote Paprika (Peperoni)

500 ml Rahm

500 ml Gemüsebrühe (siehe Grundrezepte)

1 EL vegetarisches Bouillonpulver

1 TL Steinpilzpulver

4 TL Agar-Agar

Salz, Pfeffer

Feldsalat (Nüsslisalat) je nach Gästezahl

Nussölvinaigrette (siehe Grundrezepte)

Vom Wirsing den Strunk herausschneiden und die einzelnen Blätter abtrennen. Nur die schönsten Blätter verwenden. Diese in Salzwasser 3 Minuten kochen und sofort in Eiswasser abschrecken.

Die Steinpilze und Champignons putzen, große Steinpilze unter Umständen halbieren. Die Pilze im Olivenöl anbraten, mit dem Balsamicoessig ablöschen, würzen und abkühlen lassen.

Die Paprika halbieren, die Kerne entfernen und die Früchte im Ofen bei 250 °C Oberhitze backen, bis die Haut sich bläht und dunkel verfärbt. Die Paprikahälften in Eiswasser abschrecken und die Haut vorsichtig abziehen.

Den Rahm mit der Gemüsebrühe aufkochen, mit dem Bouillonpulver, dem Pilzpulver, etwas Salz und Pfeffer kräftig abschmecken. Den Agar-Agar mit vier Esslöffeln kaltem Wasser anrühren, 5 Minuten quellen lassen. Anschließend zu der kochenden Rahmbouillon-Mischung geben und einige Minuten mitkochen lassen, den Topf vom Herd nehmen. Eine Terrinenform mit Frischhaltefolie auskleiden. Von den Wirsingblättern die harten Rippen entfernen und die Form mit den Blättern auslegen, dabei am Rand etwas überstehen lassen. Nun die Pilze und die nochmals halbierten Paprikahälften in die Terrinenform schichten. Mit der noch warmen Rahmbouillon aufgießen und die überstehenden Wirsingblätter darüber schlagen. Im Kühlschrank gut durchkühlen lassen. Aus der Form stürzen, mit einem Elektromesser oder einem sehr scharfen Küchenmesser in Scheiben schneiden und mit dem angemachten Feldsalat anrichten.

Ein schönes Rezept, falls Sie einmal für eine größere Gesellschaft kochen wollen. Die Steinpilzterrine lässt sich gut vorbereiten und sichert Ihnen schon beim ersten Gang das Lob Ihrer Gäste.

Kürbisflan mit Blumenkohlcarpaccio

1 kleiner Hokkaidokürbis (oder ein anderer festfleischiger, kleiner gelber Kürbis)

1 EL Butter

100 ml Gemüsebrühe (siehe Grundrezepte)

50 g Crème fraîche

3 Eier

2 Eigelb

etwas Weißweinessig

1 fester Blumenkohl

1 Zitrone, Saft

4 EL Himbeeressig

2 EL Rote-Bete-Saft (Randensaft)

30 ml Walnussöl

20 ml Traubenkernöl

Salz, Pfeffer

Den Kürbis mit einem scharfen Messer schälen, vierteln und die Kerne entfernen. 500 g Fruchtfleisch abwiegen, grob würfeln, in der Butter und der Gemüsebrühe gar dünsten. Samt der Flüssigkeit in den Mixer geben und zusammen mit der Crème fraîche, den Eiern und Eigelben fein pürieren. Mit einem Schuss Essig, Salz und Pfeffer abschmecken. Die Masse in kleine, ausgebutterte Metall- oder Keramikförmchen füllen und im Wasserbad 40 Minuten bei 180 °C im Ofen stocken lassen.

Den Blumenkohl im Ganzen in Salzwasser mit etwas Zitronensaft gar kochen (der Kohl sollte noch etwas Biss haben). Mit einem scharfen Messer in dünne Scheiben schneiden und auf Tellern kreisförmig anrichten. Himbeeressig und Rote-Bete-Saft mit den beiden Ölen verrühren, mit Salz und Pfeffer abschmecken und das Dressing über den Blumenkohl träufeln.

Die noch warmen Kürbisflans aus der Form stürzen und jeweils in die Mitte des Tellers setzen.

Im Herbst leuchten auf den Wochenmärkten die Kürbisse in allen Größen und Farbschattierungen. Der Hokkaidokürbis ist relativ klein, orange und besitzt ein sehr festes Fruchtfleisch.

Buchweizenwaffel mit Avocadomousse

80 g Butter, zimmerwarm

2 Eier

1 Msp. Backpulver

60 g Weizenmehl

40 g Buchweizenmehl

2 reife Avocados

100 g Sauerrahm

1 Msp. Sambal Oelek

1 Zitrone, Saft

Salz, Pfeffer

Für die Buchweizenwaffeln die Butter schaumig schlagen. Die Eier eines nach dem anderen darunter rühren. Backpulver, Weizen- und Buchweizenmehl sowie 1 Prise Salz vermengen und zu der aufgeschlagenen Butter geben. Mindestens 30 Minuten ruhen lassen.

Die Avocados halbieren, den Stein entfernen und das Fruchtfleisch mit einem Löffel herausschaben. Mit den restlichen Zutaten mit dem Handmixer fein pürieren. Sofort mit Klarsichtfolie abdecken, da Avocados sich sehr schnell verfärben.

Portionenweise etwas Waffelteig auf ein vorgeheiztes Waffeleisen geben und knusprig ausbacken. Die Waffeln noch warm mit der Avocadomousse servieren.

Tipp
Dazu passt ein Tomatensalat oder ein Rohkostteller.
Die Avocados müssen wirklich reif, das heißt weich, aber ohne Druckstellen sein.
Harte Avocados reifen bei Zimmertemperatur in wenigen Tagen gut nach.

Paprika-Lauch-Terrine

Für 10 Personen

3 rote Paprika (Peperoni)

5 dünne Stangen Lauch

500 ml Rahm

4 gestrichene TL Agar-Agar

1 Spritzer Weißweinessig

Salz, Pfeffer

Die Paprika halbieren, die Kerne und die weißen Scheidewände entfernen. Im Ofen bei 250 °C Oberhitze etwa 20 Minuten backen, bis die Haut sich bläht und dunkel verfärbt. Kurz in Eiswasser abschrecken und die Haut abziehen. Mit Salz und Pfeffer würzen.

Die Lauchstangen auf die Länge der Terrinenform zurechtschneiden, das grüne Ende etwas einschneiden und den Lauch gut waschen. Die Lauchstangen in Salzwasser gar kochen und in Eiswasser abschrecken.

500 ml Lauchkochfond zusammen mit dem Rahm aufkochen. Den Agar-Agar mit 2 Esslöffeln Wasser anrühren und 5 Minuten quellen lassen, dann zur Rahmmischung geben und 3 Minuten köcheln lassen. Mit etwas Weinessig, Salz und Pfeffer abschmecken.

In die Terrinenform abwechselnd Lauchstangen und Paprikahälften einlegen. Mit der leicht abgekühlten Flüssigkeit begießen und im Kühlschrank einige Stunden gelieren lassen. Zum Servieren die Terrine aus der Form stürzen und mit einem scharfen Messer in Scheiben schneiden. Servieren Sie dazu Salat nach Marktangebot.

Pilzquiche mit Tomaten

200 g helles Weizenmehl

1 TL Meersalz

100 g kalte Butter

1–2 EL Wasser

2 Schalotten

500 g gemischte Pilze

2 EL Bratbutter

2 Knoblauchzehen

1 Zweig frischer Thymian

3 Tomaten

2 Eier

200 ml Sauerrahm

50 g geriebener Parmesan

Salz, Pfeffer

Das Mehl mit dem Salz in einer Schüssel mischen. Die kalte Butter in kleine Stücke schneiden und mit dem Mehl zwischen den Handflächen krümelig reiben. Das kalte Wasser dazugeben und alles rasch zu einem glatten Teig kneten. In Frischhaltefolie gewickelt mindestens 30 Minuten im Kühlschrank ruhen lassen.

Den Teig zwischen zwei Lagen Frischhaltefolie ausrollen. Eine Quicheform mit etwas Butter ausfetten oder mit Backtrennpapier auslegen, den Teig in die Form legen und den Rand etwas hochdrücken. Mit einer Gabel den Teig mehrmals einstechen.

Die Schalotten schälen und in feine Würfel schneiden. Die Pilze waschen und in Scheiben schneiden. In einer Pfanne die Bratbutter erhitzen, die Schalotten darin glasig dünsten, die Pilze dazugeben und einige Minuten mitbraten. Mit Salz, Pfeffer, zerdrücktem Knoblauch und den Thymianblättchen würzen, abkühlen lassen.

Die Tomaten kreuzweise einschneiden, kurz in kochendes Wasser geben und danach kalt abschrecken. Die Haut abziehen, die Tomaten vierteln und die Kerne auskratzen.

Die Eier mit dem Sauerrahm verrühren, mit Salz und Pfeffer abschmecken. Die Pilze und die Tomatenviertel auf dem Teigboden verteilen, den Guss darüber gießen und mit dem Parmesan bestreuen. Im vorgeheizten Ofen bei 200 Grad 30–35 Minuten goldgelb backen.

Tagliatelle mit Morchelrahmsauce

1 Rezeptmenge Nudelteig
(siehe Grundrezepte)

20 g getrocknete Spitzmorcheln

1 EL Bratbutter

4 EL Weinbrand

4 EL trockener Sherry

400 ml Rahm

1 EL Butter

Salz, Pfeffer

Die Morcheln mit lauwarmem Wasser bedeckt mindestens 1 Stunde einweichen. Die Morcheln herausheben und das Einweichwasser durch ein feines Haarsieb gießen, dabei den sandigen Bodensatz zurücklassen. Die Morcheln halbieren, unter fließendem kaltem Wasser gründlich waschen und abtropfen lassen.

Die Bratbutter in einem Topf erhitzen, die Morcheln dazugeben und mit dem Weinbrand sowie dem Sherry ablöschen. Zwei Drittel des Einweichwassers dazugeben und kurz aufkochen. Den aufsteigenden Schaum mit einem Löffel entfernen, den Rahm dazugeben und einkochen, bis die Sauce sämig wird. Mit Salz und Pfeffer würzen.

Die Nudeln mit Hilfe der Nudelmaschine ausrollen und mit dem entsprechenden Aufsatz Tagliatelle herstellen. Diese in kochendes, leicht gesalzenes Wasser geben und einige Minuten kochen lassen. Auf ein Sieb schütten, abtropfen lassen und mit einem Esslöffel Butter vermengen. Sofort mit der heißen Sauce servieren.

Die Morcheln müssen nach dem Wässern sehr gründlich gewaschen werden, da sie oft ziemlich sandig sind. Anschließend gut ausdrücken.

Gemüsesuppe mit Glasnudeln und Shiitakepilzen

150 g frische Shiitakepilze

1 Zwiebel

1 Knoblauchzehe

Maiskeimöl

200 g Gemüsestreifen
(z.B. Karotten, Zucchini, Sellerie)

800 ml Gemüsebrühe
(siehe Grundrezepte)

100 g Glasnudeln

2 EL helle Sojasauce

1 TL Ingwer oder Galangawurzel,
frisch gerieben

Cayennepfeffer, Salz

Von den Pilzen die Stiele entfernen und die Pilzkappen in Scheiben schneiden. Die Zwiebel schälen und in feine Streifen schneiden, den Knoblauch hacken. Wenig Öl in einem Topf erhitzen und die Zwiebelstreifen darin glasig dünsten. Die Pilz- und Gemüsestreifen sowie den Knoblauch dazugeben und 5 Minuten unter ständigem Rühren weiterdünsten. Mit der Gemüsebrühe auffüllen und aufkochen lassen.

Die Glasnudeln 10 Minuten in warmem Wasser quellen lassen. Auf einem Sieb zum Abtropfen geben. Mit einer Schere 4 cm lange Stücke schneiden und kurz in der Suppe kochen, bis sie weich sind. Mit Sojasauce, Ingwer oder Galanga, Cayennepfeffer und Salz abschmecken.

Gemüsecouscous mit Kichererbsen

Die Kichererbsen über Nacht einweichen. Anderntags abgießen und in frischem Wasser gar kochen. Erst am Schluss des Garprozesses salzen. Noch einige Minuten ziehen lassen, dann das Wasser abgießen und die Kichererbsen warm stellen.

Die Gemüse putzen und in grobe, mundgerechte Stücke schneiden. Die Kirschtomaten nur einritzen. Das Gemüse (ohne die Tomaten) in etwas Olivenöl anbraten und mit Salz und Pfeffer würzen. Mit der Brühe aufgießen und mit Safran, Paprikapulver, Sambal Oelek, der gehackten Knoblauchzehe, Thymian und Rosmarin langsam gar kochen. Den Couscous nach Packungsvorschrift garen.

Die Kirschtomaten kurz in der heißen Brühe mit ziehen lassen, dann die Gemüsebrühe mit dem Couscous und den Kichererbsen in tiefen Tellern anrichten.

100 g Kichererbsen

2 kleine Zucchini

1 Aubergine

100 g Champignons

1 rote Paprika (Peperoni)

200 g Kirschtomaten

2 EL Olivenöl

1 l Gemüsebrühe
(siehe Grundrezepte)

einige Safranfäden

1 TL Paprikapulver

2 EL Sambal Oelek

1 Knoblauchzehe

je 1 Zweig frischer Thymian
und Rosmarin

60 g Couscous aus Hartweizen

Salz, Pfeffer

Ein klassisches Gericht aus Nordafrika, dort wird allerdings die Brühe separat serviert. Die anderen Bestandteile des Gerichts werden dann zusammen mit dem Couscous und den Kichererbsen mit den bloßen Händen als zweiter Gang gegessen.

Petersilienwurzelsuppe mit frittierter Petersilie

500 g Petersilienwurzeln

2 Schalotten

2 EL Butter

1 Schuss trockener Weißwein

500 ml Gemüsebrühe
(siehe Grundrezepte)

300 ml Rahm

200 g Crème fraîche

1 Bund glatte Petersilie

Salz, Pfeffer

Essig

Die Petersilienwurzeln schälen und in Würfel schneiden, die Schalotten fein würfeln und in der Butter glasig andünsten. Die Petersilienwurzeln dazugeben, mit dem Weißwein ablöschen, mit Brühe, Rahm und Crème fraîche auffüllen und gar kochen. Das Ganze im Mixer pürieren, anschließend durch ein feines Sieb streichen. Mit Salz, Pfeffer und etwas Essig abschmecken.

Die Petersilie waschen, die Blättchen abzupfen und auf Küchenkrepp trocknen. In nicht zu heißem Frittieröl einige Sekunden frittieren (die grüne Farbe sollte noch erhalten bleiben). Anschließend auf Küchenpapier abtropfen lassen.

Die Suppe noch einmal erwärmen und mit einem Pürierstab schaumig aufmixen. Mit der frittierten Petersilie bestreuen.

Tipp
Anstelle von Petersilienwurzeln können Sie die Suppe auch einmal mit Pastinaken probieren. Übrigens: Ein wenig Essig tut den meisten Suppen und Saucen gut. Durch die Säure wirken sie etwas leichter und spritziger. Aber Vorsicht, wirklich nur ein paar Tropfen!

Steinpilzessenz mit Blätterteigpilzen

300 g kleine Steinpilze

1 EL Olivenöl

1 l Gemüsebrühe
(siehe Grundrezepte)

100 Butterblätterteig
(siehe Grundrezepte)

Eigelb zum Bestreichen

Salz, Pfeffer

1 Bund glatte Petersilie

Frische Steinpilze sind eine große Delikatesse. Sie lassen sich auf vielfältige Art zubereiten und schmecken sogar roh in Salaten oder als Carpaccio.

Tipp
Pilze vertragen kein Wasser. Sollte sich das Waschen nicht vermeiden lassen, brausen Sie die Pilze kurz auf einem Sieb mit kaltem Wasser ab. Diese Suppe schmeckt auch mit Pfifferlingen (Eierschwämmen) oder mit anderen aromatischen Pilzen.

Die Steinpilze vorsichtig putzen, die Stiele dünn schälen, die Pilzkappen mit einem Pinsel säubern oder abreiben. Die Pilze in Scheiben schneiden und in Olivenöl anbraten, würzen. Mit der kalten Gemüsebrühe aufgießen, aufkochen und abschmecken.

Den Blätterteig dünn ausrollen und mit einem Pilzausstecher die gewünschte Menge Teigpilze ausstechen, mit Eigelb bestreichen und auf Backpapier im 200 °C heißen Ofen 5–7 Minuten goldgelb backen.
Die Suppe mit der gehackten Petersilie bestreuen und die Blätterteigpilze ganz am Schluss auf der Suppe verteilen.

Kürbissuppe mit Mohnklößchen und eingelegtem Ingwer

50 g gemahlener Mohn

150 ml Milch

1 Portion Brandteig
(siehe Grundrezepte)

600 g Kürbis

1 Stange Lauch

4 Schalotten

3 EL Butter

400 ml Gemüsebrühe
(siehe Grundrezepte)

100 ml Rahm

100 g Crème fraîche

1 EL eingelegter grüner Pfeffer

1 Glas eingelegter Ingwer

Salz, Pfeffer

Den Mohn mit der Milch aufkochen und so lange weiterkochen, bis die Masse ziemlich trocken ist.

Den Brandteig nach Rezept zubereiten, aber anstelle von Milch Wasser nehmen und mit dem gekochten Mohn vermengen.

Vom Kürbis Schale und Kerne entfernen und das Kürbisfleisch grob würfeln. Den Lauch waschen und das Weiße in feine Würfel schneiden, die Schalotten ebenfalls würfeln und beides zusammen in der Butter anschwitzen. Die Kürbiswürfel dazugeben, mit Brühe, Rahm und Crème fraîche auffüllen. Mit dem eingelegten Pfeffer und Salz würzen und 20 Minuten kochen lassen. Im Mixer pürieren, durch ein Sieb streichen und nochmals abschmecken.

Mit zwei Teelöffeln von der Mohnmasse kleine Klößchen abstechen und diese in Salzwasser 3 Minuten gar ziehen lassen.

Die heiße Suppe kurz aufmixen, mit den Klößchen anrichten und mit dem eingelegten Ingwer garnieren.

Ein Rezept meines Kochkollegen Christian Willrich aus dem Düsseldorfer Restaurant Greens. Mohn taugt doch zu mehr, als in Kuchen verarbeitet zu werden.

Kichererbsen-Gemüse-Kissen mit Curry-Mango-Sauce

2 Schalotten

1 EL Butter

1/2 Mango

1 Apfel

1 Banane

1 EL Currypulver

200 ml Gemüsebrühe (siehe Grundrezepte)

100 ml Rahm

100 g Crème fraîche

1 Zitrone, Saft

200 g Kichererbsenmehl

50 g Weizenmehl

1 EL Chili-Koriander-Paste (Asienladen oder siehe Seite 54)

1 Ei

1 EL Olivenöl

500 g Gemüsestreifen (Kürbis, Zucchini, Karotten, Fenchel oder Ähnliches)

Salz

Für die Currysauce die Schalotten in feine Würfel schneiden und in der Butter anschwitzen. Das Obst würfeln und dazugeben, mit dem Currypulver bestäuben, mit Gemüsebrühe, Rahm und Crème fraîche aufgießen und gar kochen. Alles im Mixer oder mit dem Handmixstab fein pürieren. Durch ein Sieb streichen und mit Salz und etwas Zitronensaft abschmecken.

Aus Kichererbsenmehl, Weizenmehl, Chili-Koriander-Paste, Ei, Olivenöl und ein wenig Wasser einen dickflüssigen Teig rühren. Diesen 30 Minuten ruhen lassen. Den Teig mit den Gemüsestreifen vermengen. Mit einem Esslöffel kleine Häufchen davon in die Fritteuse geben und bei 170 °C knusprig ausbacken. Auf Küchenkrepp abtropfen lassen. Zusammen mit der Currysauce servieren.

Kichererbsen sind bei uns noch wenig bekannt. Sie lassen sich aber vielfältig verarbeiten und zeichnen sich durch einen angenehmen nussigen Geschmack aus.

Pilzragout mit gebratenen Polentawürfeln und Crémantsauce

500 ml Gemüsebrühe
(siehe Grundrezepte)

30 g Butter

150 g Polentagrieß

Butter fürs Blech

800 g gemischte Pilze

Pflanzenöl

300 ml Weißweinsauce
(siehe Grundrezepte)

50 ml Crémant (oder trockener Sekt)

2 EL Tomatenconcassé
(siehe Grundrezepte)

Salz, Pfeffer

Die Gemüsebrühe mit der Butter erhitzen und den Polentagrieß unter Rühren langsam in die kochende Flüssigkeit einrieseln lassen. Kurz aufkochen, den Topf verschließen und die Polenta im 180 °C heißen Ofen etwa 30 Minuten quellen lassen. Ein Backblech mit Butter bestreichen und die Polenta mit einem Plastikspachtel darauf 1 cm dick ausstreichen, abkühlen lassen.

Die Pilze putzen, falls nötig waschen und auf Haushaltspapier trocknen lassen. Die Pilze in Scheiben schneiden und in Pflanzenöl anbraten. Mit Salz und Pfeffer würzen.

Die Polenta in Würfel schneiden und ebenfalls in Pflanzenöl knusprig braten.

Die Sauce erhitzen, mit Crémant oder Sekt abschmecken und kurz vor dem Servieren aufmixen.

Alles zusammen anrichten und mit den Tomatenwürfeln garnieren.

Mein Sohn liebt Polenta über alles (natürlich nur mit Tomatensauce). In Norditalien gilt Polenta als Nationalgericht. Sie bietet vielfältige Möglichkeiten der Zubereitung.

Pastinaken in der Nusskruste mit Rosmarinjus und schwarzen Nüssen

4 mittelgroße Pastinaken

1 EL Butter

100 ml trockener Weißwein

1/2 Zitrone, Saft

300 ml brauner Gemüsejus (siehe Grundrezepte)

50 ml Portwein

100 ml Rahm

einige Rosmarinnadeln

1 Prise Cayennepfeffer

Speisestärke

1 EL geschlagener Rahm

2 Eier

100 g gemahlene Haselnüsse

50 g Paniermehl

50 g Weizenmehl

Nussöl

einige schwarze Nüsse (siehe Tipp)

Portwein

Salz, Pfeffer

Die Pastinaken schälen und längs in 5 mm dicke Scheiben schneiden. In Butter, Weißwein und Zitronensaft gar dünsten. Mit etwas Salz würzen und abtropfen lassen.

Den Gemüsejus mit dem Portwein aufkochen, den flüssigen Rahm dazugeben und mit einem Schneebesen gut durchschlagen. Die Sauce etwas einkochen lassen. Zum Schluss die Rosmarinnadeln dazugeben und einige Minuten ziehen lassen. Dann die Sauce durch ein Sieb streichen. Mit Salz und Cayennepfeffer abschmecken und falls nötig mit etwas Speisestärke binden. Kurz vor dem Servieren den geschlagenen Rahm unterziehen.

Die Eier verquirlen und mit Salz und Pfeffer würzen. Die gemahlenen Haselnüsse mit dem Paniermehl vermengen und die Pastinakenscheiben zuerst im Mehl und dann in der Nuss-Paniermehl-Mischung wenden. In Nussöl goldgelb ausbraten.

Die schwarzen Nüsse in dünne Scheiben schneiden, in etwas Portwein erwärmen und das Gericht damit garnieren.

Vielleicht scheint Ihnen diese Kombination etwas ungewöhnlich, aber probieren Sie selbst!

Tipp
Schwarze Nüsse sind Walnüsse, die grün geerntet und süß-sauer eingelegt werden. Fragen Sie in einem guten Feinkostgeschäft danach.

Kartoffel-Kohlrabi-Gratin mit Korinthen-Portwein-Sauce

2 Kohlrabi

1 kg mehlig kochende Kartoffeln

50 g frisch geriebener Parmesan

300 ml Rahm

1 EL geschmolzene Butter

800 g Gemüse der Jahreszeit (z. B. junge Karotten, Frühlingszwiebeln, Romanesco, Sellerie)

1 EL Schwarzteeblätter

50 g Korinthen

$^1/_2$ l dunkler Gemüsejus (siehe Grundrezepte)

100 ml Portwein

1 TL Pfeilwurzelmehl (oder ein anderes Stärkemehl)

80 g eiskalte Butter

Butter

Salz, Pfeffer, Muskatnuss

Die Kohlrabi und die Kartoffeln schälen und in sehr dünne gleichmäßige Scheiben schneiden. Eine flache Auflaufform mit Butter ausstreichen, mit Kartoffelscheiben auslegen und diese mit Salz, Pfeffer und Muskatnuss würzen. Darüber die Kohlrabischeiben einschichten und mit einer Lage Kartoffelscheiben abschließen. Den Auflauf mit dem Parmesan bestreuen und mit so viel Rahm aufgießen, dass das Gemüse gerade bedeckt ist. Die oberste Lage mit der geschmolzenen Butter beträufeln und den Gratin im vorgeheizten Ofen bei 180 °C etwa 1 Stunde backen.

Das geputzte und gewaschene Gemüse nach Sorten getrennt in Salzwasser garen, in Eiswasser abschrecken und abtropfen lassen.

Für die Sauce eine Tasse sehr starken heißen Tee zubereiten und die Korinthen darin einweichen. Nach 20 Minuten abgießen und abtropfen lassen.

Den Gemüsejus mit dem Portwein aufkochen, auf die Hälfte einreduzieren und mit dem Pfeilwurzelmehl binden. Flöckchenweise die kalte Butter einarbeiten, abschmecken, die Korinthen zugeben und die Sauce nur noch leicht erhitzen (nicht mehr kochen).

Das vorbereitete Gemüse in etwas Butter erhitzen, mit dem Gratin auf vorgewärmten Tellern anrichten und mit Korinthen-Portwein-Sauce umgießen.

Gemüsetüte auf schwarzer Bohnensauce

100 g getrocknete schwarze Bohnen

2 Schalotten

400 ml Gemüsebrühe
(siehe Grundrezepte)

4 EL Rotwein

2 EL Sojasauce

Speisestärke

600 g Gemüse nach Wahl
(z. B. Chinakohl, Zucchini, Pak-Choy,
rote Paprika/Peperoni)

2 EL Currypulver

2 EL Cashewnüsse

2 große Frühlingsrollenblätter
(Asienladen)

1 Eiweiß

Pflanzenöl

Salz

Die Bohnen über Nacht einweichen. Anderntags abgießen.

Die Schalotten fein würfeln, in etwas Öl anschwitzen und die abgetropften Bohnen dazugeben. Mit der Gemüsebrühe und dem Rotwein auffüllen und langsam gar kochen. Die Bohnen mit Sojasauce und Salz abschmecken und die Kochflüssigkeit mit Stärke binden.

Die Gemüse in Streifen schneiden und kurz in einer Pfanne mit etwas Öl unter ständigem Schwenken braten. Mit dem Currypulver bestäuben, mit Salz abschmecken und abkühlen lassen. Die Cashewnüsse ohne Fettzugabe in einer Pfanne rösten und anschließend unter das Gemüse mischen. Die zwei Frühlingsrollenblätter diagonal halbieren, so dass vier Dreiecke entstehen. Die Ränder mit Eiweiß bestreichen und jeweils 3 Esslöffel Gemüse in die Mitte der Dreiecke setzen. Nun das Ganze zu einer Tüte rollen, die auf einer Seite offen ist. Die Tüten leicht mit Öl bepinseln und im heißen Ofen bei 180 °C 15 Minuten backen. Mit der Bohnensauce anrichten.

Schwarze Bohnen sind bei uns relativ unbekannt. Sie können genauso verarbeitet werden wie ihre weißen Verwandten und schmecken auch ähnlich. Ihre schwarze Farbe bleibt beim Kochen weitgehend erhalten.

Rösti mit Tofu-Pilz-Geschnetzeltem

1 kg Kartoffeln

Pflanzenöl

300 g Tofu, küchenfertig gewürzt

250 g Champignons

200 ml brauner Gemüsejus
(siehe Grundrezepte)

4 EL Portwein

100 ml Rahm

3 EL Crème fraîche

Speisestärke

Salz, Pfeffer

Die Kartoffeln schälen, fein raspeln oder in dünne Streifen schneiden, mit Salz und Pfeffer würzen. Jeweils 3 Esslöffel der Kartoffelmasse in einer Pfanne in heißem Öl anbraten, zu kleinen Rösti formen und leicht andrücken. Sobald die Kartoffelmasse etwas gestockt ist, die Rösti wenden und schön knusprig braten.

Für das Geschnetzelte den Tofu in mundgerechte Stücke schneiden und mit etwas Öl in einer Pfanne anbraten, warm stellen.

Die Pilze putzen und in Scheiben schneiden. Diese ebenfalls gut anbraten, mit Salz und Pfeffer würzen und mit dem Gemüsejus und dem Portwein ablöschen. Die Sauce kurz einkochen lassen und mit Rahm und Crème fraîche abrunden. Die Sauce bei Bedarf mit etwas Stärke binden und mit Salz und Pfeffer abschmecken.

Tipp
Als Beilage eignet sich ein kleiner Salat oder etwas gedünstetes Gemüse.

Gefüllte Auberginen mit Paprikafond

3 Schalotten

2 Knoblauchzehen

2 rote Paprika (Peperoni)

1 TL mildes Paprikapulver

1 Zweig Thymian

einige Rosmarinnadeln

50 ml Weißwein

500 ml Gemüsebrühe (siehe Grundrezepte)

6 große Kartoffeln

5 mittelgroße Auberginen

100 g schwarze Oliven

3 EL Tomatenconcassé (siehe Grundrezepte)

150 g Mozzarella

4 frische Lorbeerblätter

Olivenöl

Balsamicoessig

Salz, Pfeffer

Für die Sauce die Schalotten und den Knoblauch fein würfeln, die Paprika waschen, halbieren, entkernen und in grobe Würfel schneiden. Schalotten und Knoblauch in einem Topf in etwas Olivenöl anschwitzen. Die Paprika dazugeben, mit dem Paprikapulver bestäuben, Thymian und Rosmarin beigeben und mit Weißwein und Gemüsebrühe ablöschen. Die Kartoffeln schälen, 200 g davon fein reiben und zum Paprikafond geben. Alles zusammen gar kochen und anschließend durch ein grobes Sieb streichen. Die Sauce mit Salz, Pfeffer und Balsamicoessig abschmecken.

Vier Auberginen der Länge nach halbieren und die Hautseite etwas einritzen. Die Auberginen salzen und 15 Minuten stehen lassen. Die ausgetretene Feuchtigkeit mit Küchenpapier abtupfen. Die Auberginen auf einem mit Olivenöl gefetteten Backblech im Ofen bei 180 °C 30–40 Minuten backen. Die letzte Aubergine in Würfel schneiden, in Olivenöl anbraten und mit Salz und Pfeffer würzen. Die Oliven entsteinen und mit Salz und Pfeffer würzen. Mit den Auberginenwürfeln und dem Tomatenconcassé vermengen.

Die halbierten Auberginen mit einem Löffel an der Schnittfläche etwas eindrücken und mit jeweils 2–3 Esslöffeln der Auberginen-Oliven-Masse füllen. Die Auberginen mit Mozzarellascheiben belegen und im Ofen 20 Minuten bei 200 °C überbacken. Zum Schluss die Lorbeerblätter in Olivenöl anbraten und die Auberginen damit verzieren.

Die restlichen Kartoffeln in kleine Würfel schneiden und in Olivenöl goldgelb braten. Mit Salz und Pfeffer würzen. Alles zusammen heiß servieren.

Die wunderbar leichte Sauce eignet sich auch zu anderen südlich inspirierten Gerichten, zum Beispiel zu gefüllten Artischocken oder Zucchini.

Wirsingroulade mit Kartoffelsauce

1 Kopf Wirsing (Wirz)

350 g Champignons

2 Schalotten

100 g in Olivenöl eingelegte getrocknete Tomaten

80 g Walnüsse

1–2 EL Paniermehl

400 g mehlig kochende Kartoffeln

4 EL bestes Olivenöl

80 g Butter

300 ml Gemüsebrühe (siehe Grundrezepte), heiß

Pflanzenöl

Salz, Pfeffer, Muskat

Vom Wirsing die äußeren Blätter entfernen. Die restlichen Wirsingblätter einzeln ablösen, in Salzwasser 5 Minuten kochen und sofort in Eiswasser abschrecken. Die acht schönsten Blätter auf einem Küchentuch ausbreiten und die harten Blattrippen entfernen.

Für die Füllung die Champignons putzen. Auf einer groben Reibe raspeln. Die Schalotten fein würfeln und in etwas Öl anschwitzen. Die Champignons dazugeben und unter ständigem Rühren die Flüssigkeit verdampfen lassen. Mit Salz und Pfeffer abschmecken. Die Tomaten und die Walnüsse fein hacken und mit den Pilzen und dem Paniermehl vermengen. Jeweils zwei Wirsingblätter übereinander legen, mit 3–4 Esslöffeln Pilzfarce füllen und zu einem Wickel formen.

In einem geschlossenen Gefäß (Bräter) mit etwas Gemüsebrühe und einem Esslöffel Butter im Ofen bei 180 °C 30 Minuten schmoren.

Für die Kartoffelsauce die Kartoffeln schälen und in Salzwasser gar kochen. Abgießen und durch eine Kartoffelpresse drücken, dann das Olivenöl und die Butter darunter rühren. Nun langsam die heiße Gemüsebrühe einrühren, bis sich eine cremige Konsistenz ergibt. Mit Salz und Pfeffer und einer Prise Muskat abschmecken.

Für alle, die gerne ein- und auspacken: Meine vegetarische Version der klassischen Kohlroulade, einmal ohne die übliche braune Sauce.

Tipp
Als Beilage empfehle ich Rote Bete (Randen) oder Selleriegemüse.

Kartoffelkuchen mit Barolosauce

1 kg Kartoffeln

300 ml Rahm

200 ml Gemüsebrühe
(siehe Grundrezepte)

200 g Butterblätterteig
(siehe Grundrezepte)

1 Eigelb

400 ml brauner Gemüsejus
(siehe Grundrezepte)

400 ml Barolo
(kraftvoller italienischer Rotwein)

100 ml Portwein

80 g eiskalte Butter in Stückchen

1 Msp. brauner Zucker

Salz, Pfeffer, Muskat

Die Kartoffeln schälen und in dünne Scheiben schneiden. Den Rahm mit der Gemüsebrühe aufkochen und gut würzen. Die Kartoffelscheiben darin 15 Minuten vorsichtig gar kochen. Dabei öfter umrühren, da die Kartoffeln leicht ansetzen. Wenn die Kartoffeln gar sind, diese auf einem Sieb abtropfen lassen. (Der Sud kann gut für eine Suppe weiterverwendet werden.)

Die abgekühlten Kartoffeln in eine ausgebutterte Auflaufform geben. Den Blätterteig dünn ausrollen und die Kartoffeln damit abdecken. Mit Eigelb bestreichen und bei 200 °C im Ofen 20–30 Minuten goldgelb backen.

Gemüsejus, Barolo und Portwein zusammen aufkochen und auf die Hälfte einkochen lassen. Nun die eiskalten Butterstückchen langsam einarbeiten und mit Salz, Pfeffer und Zucker abschmecken.

Tipp
Als Gemüsebeilage empfehle ich gedünstetes Wurzelgemüse, Broccoli, Wirsinggemüse oder Mangold.

Überbackene Grießgnocchi mit Tomatensauce

Für 4 Personen

1 l Milch

1 TL Salz

1 Msp. geriebene Muskatnuss

350 g Weizengrieß

4 EL Butter

3 Eier

1 Zwiebel

600 g reife Tomaten

2 EL Olivenöl

100 ml Gemüsebrühe

1 TL gehackter Basilikum

150 g Gouda

Salz, Pfeffer

Die Milch mit Salz und Muskatnuss zum Kochen bringen. Den Grieß einrieseln lassen, dabei ständig mit einem Schneebesen rühren. Einige Minuten kochen lassen, bis der Grieß die Flüssigkeit bindet. Den Topf vom Herd nehmen und 5 Minuten warten. Nun die Butter einarbeiten. Die beiden Eier eines nach dem anderen in die Masse geben und kräftig durchrühren. 30 Minuten quellen lassen.

2 Liter Wasser zum Kochen bringen, 1 Esslöffel Salz dazugeben. Mit zwei Teelöffeln aus der Grießmasse Nocken formen und sofort nacheinander in das leicht siedende Wasser geben. 10 Minuten ziehen lassen. Das Wasser soll dabei nur leicht kochen. Die Grießgnocchi mit einer Schaumkelle aus dem Wasser heben, abtropfen lassen und in eine ausgebutterte Gratinform legen.

Die Zwiebel schälen und fein würfeln. Die Tomaten vom Stielansatz befreien und grob würfeln. Das Olivenöl in einem Topf erhitzen und die Zwiebelwürfel darin glasig dünsten. Die Tomaten dazugeben, kurz anschwitzen und mit der Gemüsebrühe auffüllen. 20 Minuten kochen lassen. Zum Schluss den Basilikum dazugeben. Mit einem Passierstab fein pürieren. Durch ein feines Sieb streichen und mit Salz und Pfeffer abschmecken.

Die Tomatensauce über die Gnocchi gießen. Den Käse reiben und darüber streuen. 15–20 Minuten im 200 Grad heißen Ofen backen.

Tipp
Mit einem gemischten Blattsalat servieren.

Wirsingrouladen mit Champignonfarce und Walnüssen

1 grosser Wirsing (Wirz)

1 Zwiebel

500 g Champignons

2 EL Bratbutter

100 g getrocknete,
in Öl eingelegte Tomaten

60 g Walnüsse

3 EL Paniermehl

500 g Tomaten

1 kleine Zwiebel

4 EL Olivenöl

ca. 3 EL Gemüsebrühe

300 g Pfifferlinge (Eierschwämme)
oder andere Waldpilze

Meersalz, Pfeffer

Vom Wirsing den Strunk herausschneiden und die einzelnen Blätter ablösen. In einem großen Topf leicht gesalzenes Wasser zum Kochen bringen. Die Kohlblätter darin einige Minuten kochen, dann in eiskaltem Wasser abschrecken und auf einem Sieb abtropfen lassen.

Die Zwiebel schälen und fein hacken. Die Champignons waschen und auf der Röstiraffel reiben. Die Zwiebel in der heißen Bratbutter andünsten, die Champignons dazugeben und unter ständigem Rühren dünsten, bis die Flüssigkeit verdampft ist. Die abgetropften getrockneten Tomaten und die Walnüsse fein hacken, beides unter die Pilzmasse mischen. Mit Salz und Pfeffer würzen. Zum Schluss das Paniermehl darunter mischen.

8 schöne Wirsingblätter auf die Arbeitsfläche legen (bei kleineren Blättern jeweils 2 Blätter nehmen). Den harten Strunk herausschneiden. Auf jedes Blatt 2–3 Esslöffel Pilzfarce geben und einrollen. Die Röllchen dicht nebeneinander in eine ausgebutterte Form legen.

Die Tomaten kreuzweise einschneiden, kurz in kochendes Wasser geben, kalt abschrecken und die Haut abziehen. Die Tomaten würfeln. Die Zwiebel schälen und fein würfelig schneiden.

2 Esslöffel Olivenöl in einem Topf erhitzen, die Zwiebelwürfel darin glasig dünsten und die Tomaten dazugeben. Mit Salz und Pfeffer würzen. Mit etwas Gemüsebrühe ablöschen und 20 Minuten kochen lassen. Die Pfifferlinge oder Waldpilze waschen, putzen und grob zerschneiden. In dem restlichen Olivenöl anbraten und mit Salz und Pfeffer würzen. Unter die Tomatensauce mischen.

Die Wirsingrouladen mit der Sauce übergießen und im Ofen bei 180 Grad 30 Minuten backen.

Tipp
Mit Dampfkartoffeln oder Basmatireis servieren.

Gemüsepfanne mit Sojasprossen und Austernpilzen

300 g Austernpilze

1 rote Paprika (Peperoni)

1 Zucchini

1 Karotte

2 Stengel Staudensellerie

1 Zwiebel

200 g Sojasprossen

2 EL Sesamöl

4 EL Sojasauce

100 ml Gemüsebrühe

1/2 Limone, Saft

1 EL geröstete Sesamsamen

Salz, Sezuanpfeffer

Die Pilze in Streifen schneiden. Paprika, Zucchini, Karotte, Staudensellerie und Zwiebel in Streifen schneiden. Das Sesamöl in einer Pfanne oder im Wok erhitzen und die Pilze mit den Gemüsestreifen und den Sojasprossen darin unter ständigem Rühren anbraten, mit Salz und Sezuanpfeffer würzen. Sojasauce und Gemüsebrühe dazugeben und 5 Minuten weiterdünsten. Mit dem Limonensaft beträufeln. Zum Servieren mit gerösteten Sesamsamen bestreuen.

Tipp
Als Beilage eignet sich Basmatireis.

Ungarisches Pilzgulasch

500 g fest kochende Kartoffeln

je 1 rote, gelbe und grüne Paprika (Peperoni)

300 g kleine Champignons

1 Zwiebel

2 Knoblauchzehen

Sonnenblumenöl

2 EL Paprikapulver, edelsüß

2 EL Tomatenmark

200 ml Gemüsebrühe

100 g Sauerrahm

1 Msp. Zitronenschale

Salz, Pfeffer

Die Kartoffeln schälen und in 2 cm grosse Würfel schneiden. In gesalzenem Wasser 10 Minuten kochen.

Die Paprika halbieren, entkernen und in 2 cm grosse Stücke schneiden. Die Champignons waschen. Die Zwiebel schälen und fein würfeln, den Knoblauch hacken.

Etwas Öl in einer Pfanne erhitzen. Zunächst Zwiebel und Knoblauch darin andünsten, dann die Paprika und die Pilze dazugeben, einige Minuten weiterdünsten, zuletzt die Kartoffelwürfel dazugeben, mit Salz und Pfeffer abschmecken. Mit dem Paprikapulver bestäuben, das Tomatenmark darunter rühren und mit der Gemüsebrühe auffüllen. 10 Minuten köcheln lassen. Den Sauerrahm und die Zitronenschale einrühren und nochmals mit Salz und Pfeffer abschmecken.

Das Pilzgulasch eignet sich auch als Beilage zum Beispiel zu panierten Tofuscheiben.

Feigentörtchen

250 g Butterblätterteig (siehe Grundrezepte)

125 ml Rahm

40 g Zucker

1 Vanilleschote

10 g Puddingpulver (aus dem Reformhaus)

2 Eigelb

8 reife Feigen

etwas Aprikosenkonfitüre

Den Blätterteig ausrollen, kleine Tarteletteförmchen von 10 cm Durchmesser damit auslegen und dabei den Rand schön gleichmäßig hochziehen. Den Teig mehrmals mit der Gabel einstechen, mit Backpapier belegen, mit getrockneten Hülsenfrüchten beschweren und bei 220 °C 10 Minuten vorbacken.

Den Rahm mit dem Zucker, dem Mark der Vanilleschote und dem Puddingpulver unter Rühren aufkochen, quellen lassen, vom Herd nehmen, etwas abkühlen lassen und die Eigelbe unterziehen.

Die Feigen in Scheiben schneiden, die vorgebackenen, abgekühlten Tartelettböden damit belegen, mit der Vanillecreme bedecken und bei 180 °C im Ofen backen, bis die Creme stockt. Die noch warmen Törtchen mit leicht erwärmter Aprikosenkonfitüre bestreichen. Eventuell etwas püriertes Birnenkompott oder Vanillesauce dazu servieren und mit Birnen- und Feigenschnitzen dekorieren.

Diese kleinen Feigentörtchen sind eine Köstlichkeit, vorausgesetzt, die Feigen sind reif und aromatisch.

Rumsavarin mit Reineclaudenkompott

500 g Reineclauden

200 ml trockener Weißwein

100 g Kleehonig

½ Zitrone, Saft

10 g Hefe

200 ml lauwarme Milch

2 Eigelb

10 g (1 TL) Zucker

1 unbehandelte Zitrone, abgeriebene Schale

200 g Mehl

60 g Butter, flüssig

2 EL Paniermehl

Sud aus Rum, Zucker und Zitronensaft

Die Reineclauden halbieren, entsteinen und mit Weißwein, Honig und Zitronensaft zu einem Kompott kochen.

Für die Savarins die Hefe in der lauwarmen Milch auflösen und mit den Eigelben, Zucker, Zitronenschale und Mehl zu einem dickflüssigen Teig verarbeiten. Diesen 15 Minuten gut aufgehen lassen. Die abgekühlte, noch flüssige Butter darunter ziehen und nochmals 10 Minuten gehen lassen. Anschließend den Teig in ausgebutterte, mit Paniermehl ausgestreute Savarinförmchen füllen und im 170 °C heißen Ofen 20 Minuten backen.

Die Savarins aus den Förmchen stürzen und im warmen Rumsud wenden. Noch warm mit dem abgekühlten Kompott servieren.

Reineclauden sind auf unseren Wochenmärkten immer seltener zu finden. Das ist sehr schade, denn diese gelben pflaumenähnlichen Früchte sind sehr schmackhaft.

Tipp
Die Zugabe von einer Kugel Vanilleeis macht den Gaumenkitzel perfekt.

Brombeeren, mit Kirschsabayon gratiniert, dazu Blütenhonigeis

250 ml Milch

250 ml Rahm

5 Eigelb

40 g Rohrohrzucker

75 g Blütenhonig

300 g Brombeeren

2 Eigelb

50 ml Weißwein

2 EL Kirschwasser

2 EL Zucker

Für das Eis die Milch und den Rahm zusammen erhitzen, mit den Eigelben, Zucker und Honig verquirlen und mit dem Schneebesen über einem Wasserbad schaumig aufschlagen. In der Eismaschine gefrieren lassen. Die Brombeeren verlesen und auf vier Teller verteilen. Die restlichen Zutaten über einem heißen Wasserbad aufschlagen, bis ein schaumiger Sabayon entstanden ist. Sofort über die Brombeeren verteilen und unter dem Grill oder im Backofen bei starker Oberhitze überbacken. Noch heiß mit einer Kugel Eis servieren.

Meine Frau unterscheidet gute und schlechte Brombeerjahre. »Gut« heißt, die Marmelade reicht vielleicht bis Weihnachten, »schlecht« heißt, sie reicht höchstens bis zur folgenden Woche.

Ahornsirupparfait mit kandierten Walnüssen

Für 10 Personen

100 g Ahornsirup

40 g Rohrohrzucker

3 Eigelb

2 Eier

60 g Kleehonig

150 g Walnüsse

500 ml Rahm

500 g Zwetschgen

1 Zitrone, Saft

1 Vanillestange

100 g Blüten- oder Akazienhonig

200 ml Weißwein

Ahornsirup, Zucker, Eigelbe und Eier über einem Wasserbad schaumig schlagen, bis die Masse zähflüssig wird. Anschließend auf Eiswasser kaltrühren.

Den Honig in einem Chromstahltopf hellbraun karamellisieren. Die Walnusskerne im Karamell wenden und auf ein geöltes Blech geben, abkühlen lassen. Die abgekühlten Nüsse grob hacken und unter die Parfaitmasse ziehen. Den Rahm steif schlagen und ebenfalls vorsichtig darunter ziehen. In einer Terrinenform mehrere Stunden gefrieren lassen.

Die Zwetschgen halbieren und entsteinen. Mit Zitronensaft, der halbierten und ausgekratzten Vanillestange, dem Honig und dem Weißwein zu einem Kompott kochen. Mehrere Esslöffel Kompott mit jeweils 1–2 Scheiben Parfait anrichten.

Ahornsirup ist der eingekochte Saft einer kanadischen Ahornart, ein vollwertiger Süßstoff der Extraklasse.

Gratinierte Birnen

4 Williamsbirnen

20 g Kleehonig

200 ml Weißwein

300 ml Wasser

1 Vanilleschote

1/2 Zitrone, Saft

50 g getrocknete Birnen

100 ml Birnenschnaps

100 g Rohmarzipan

2 Eier

2 EL Rohrohrzucker

2 EL Mehl

30 g flüssige Butter

Die Birnen schälen, halbieren und das Kerngehäuse ausstechen. Aus Honig, Weißwein, Wasser, der aufgeschnittenen Vanilleschote und Zitronensaft einen Sirup kochen und die Birnen vorsichtig darin garen.

Die getrockneten Birnen mit dem Birnenschnaps übergießen und mehrere Stunden durchziehen lassen. Abtropfen lassen, fein würfeln und mit dem Rohmarzipan vermengen. Vier Birnenhälften mit dieser Masse füllen.

Aus den restlichen vier Birnenhälften unter Zugabe von etwas Birnenkochfond eine Birnensauce mixen. Mit etwas von dem Birnenschnaps, in dem die Trockenbirnen eingeweicht wurden, abschmecken.

Die Eier trennen. Das Eiweiß steif schlagen, zum Schluss den Zucker dazugeben und so lange weiterschlagen, bis er sich aufgelöst hat. Das Mehl sieben, mit dem Eigelb und der abgekühlten flüssigen Butter unter die Eiweißmasse ziehen. Die gefüllten Birnenhälften in eine ausgebutterte Gratinform setzen, mit dem Eischaum bedecken, etwas Weißwein angießen und im 160 °C heißen Ofen 20 Minuten goldgelb backen.

Gugelhupf-Rüeblikuchen

250 g Karotten

5 Eier

150 g Rohrohrzucker

250 g gemahlene Haselnüsse

50 g Weizenmehl

1 TL Backpulver

1 Zitrone, abgeriebene Schale

1 Prise Zimt

Vanillepulver

50 g Butter, flüssig

Butter für die Backform

Paniermehl

Die Karotten raspeln.

Die Eier trennen, die Eigelbe mit 100 g Zucker schaumig schlagen und die geraspelten Karotten dazugeben. Haselnüsse, Mehl, Backpulver, Zitronenschale, Zimt und Vanillepulver darunter mischen. Die Eiweiße mit dem restlichen Zucker steif schlagen und ebenfalls darunter ziehen. Die flüssige Butter dazugeben.

Die Masse in eine (eventuell zwei) gut ausgebutterte, mit Paniermehl ausgestreute Gugelhupfform geben und bei 160 °C 50 Minuten backen.

Die Schweizer Spezialität einmal im Elsässer Gewand, die Rezeptur allerdings bleibt klassisch. Es gibt Dinge, die einfach nicht zu verbessern sind.

Vanilleparfait mit Pistazien

2 Vanilleschoten

200 ml Milch

6 Eigelb

4 EL Kleehonig

4 EL Vollrohrzucker

400 ml Rahm

5 EL Pistazien

Fruchtsauce nach Wahl

Die Vanilleschoten der Länge nach aufschneiden und das Mark herauskratzen. Schoten und Mark zur Milch geben, erhitzen und 10 Minuten ziehen, dabei aber nicht kochen lassen! Durch ein Haarsieb abseihen.

Die Eigelbe mit dem Honig und dem Zucker in einem Rührkessel über dem kochenden Wasserbad cremig aufschlagen. Die heiße Milch dazuquirlen und mit einem Holzkochlöffel so lange rühren, bis die Mischung eine cremige Konsistenz bekommt. Dann die Rührschüssel sofort in Eiswasser stellen und die Creme unter gelegentlichem Rühren abkühlen lassen.

Den Rahm steif schlagen und vorsichtig unter die kalte Creme ziehen. Zum Schluss die Pistazien darunter ziehen.

Die Masse in eine längliche Parfaitform füllen und mehrere Stunden im Tiefkühler gefrieren lassen. Zum Servieren die Form kurz in kaltes Wasser stellen, das Parfait stürzen, in Scheiben schneiden und mit einer Fruchtsauce anrichten.

Wichtig: Das Parfait sollte beim Servieren nicht mehr zu hart gefroren sein. Lassen Sie daher das Parfait in der Form 5–10 Minuten im Kühlschrank langsam antauen, bevor Sie es in Portionen schneiden.

Vom Kochen im Winter

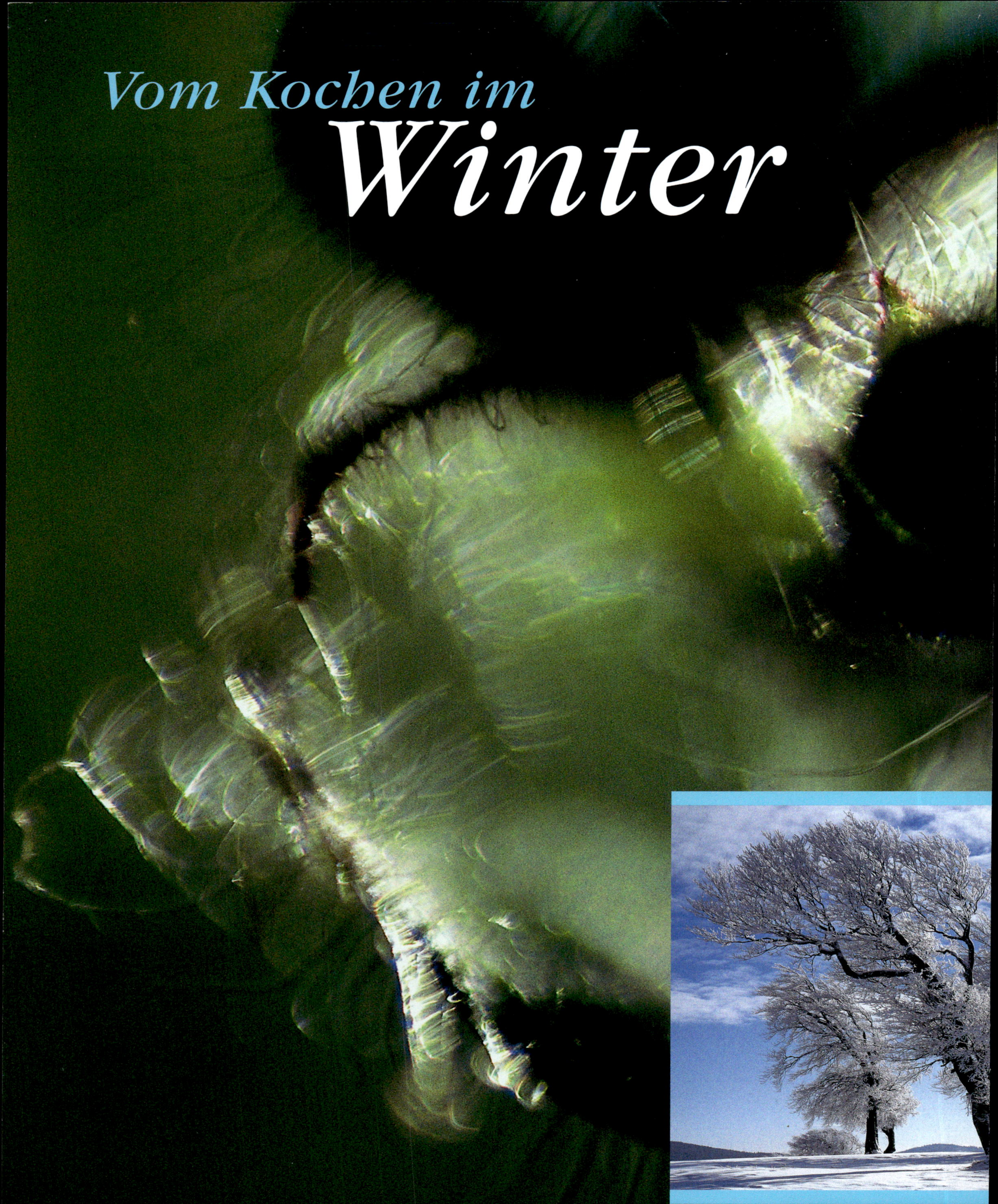

Im Winter, wenn sich die Kräfte der Natur tief in die Erde zurückziehen, beginnt für den Naturkoch eine schwierige Zeit.

Was hat uns der Winter kulinarisch zu bieten? Das sind einmal natürlich die diversen Kohlsorten, die so recht in diese kalte Jahreszeit passen, die Wurzelgemüse wie Karotten, Petersilienwurzeln oder Pastinaken und die roten Rüben, die jetzt ihren großen Auftritt haben, und nicht zu vergessen der winterharte Feldsalat. Fast vergessen ist dagegen die Schwarzwurzel, und oft unterschätzt der Lauch. Jetzt ist auch die Zeit der selbst gezogenen Sprossen und der Hülsenfrüchte. Nie schmeckt eine heiße Linsensuppe so gut wie gerade jetzt in dieser rauhen Jahreszeit. Auch aus Dörrobst wie etwa Pflaumen lassen sich wahre Delikatessen zaubern. Ganz abgesehen von den Trüffeln, die jetzt ihre Hochsaison haben.

Sie sehen, der Tisch ist noch reichlich gedeckt. Aber es kommt nun besonders darauf an, mit dem Vorhandenen spielerisch umzugehen, zu improvisieren, neu auszuprobieren. Das macht die Sache spannend und schwierig zugleich.

Tofu im Bierteig mit Gemüsesalat

1 kg verschiedene Gemüse (z.B. Broccoli, Champignons, Karotten, Paprika/Peperoni, Zucchini, Blumenkohl)

250 ml Bier

2 EL Olivenöl

2 Eier

125 g Mehl

150 g Tofu, küchenfertig gewürzt

125 ml Traubenkernöl

2 EL Weinessig

1 Spritzer Sherryessig

2 EL Tomatenconcassé (siehe Grundrezepte)

Salz, Pfeffer

Die Gemüse putzen, in mundgerechte Stücke oder Scheiben schneiden und je nach Sorte kochen oder anbraten.

Aus Bier, Olivenöl, Eiern, Mehl, Salz und Pfeffer einen dickflüssigen Teig rühren. Den Tofu in größere Würfel schneiden, durch den Teig ziehen und in der Fritteuse ausbacken.

Öl und Essig zur Vinaigrette verrühren. Die Gemüse vorsichtig darin erwärmen und mit dem heißen Tofu anrichten. Zum Schluss mit den Tomatenwürfeln bestreuen.

Tofu nature ist langweilig,
Tofu mariniert schon besser,
Tofu im Bierteig, und aus
einem Langweiler wird ein
Dreizeiler.

Schwarzwurzelparfait auf Spinatsalat

1 kg Schwarzwurzeln

Weißweinessig

300 ml Rahm

5 gestrichene TL Agar-Agar

300 g Hokkaidokürbis (oder anderer festfleischiger, kleiner gelber Kürbis)

1 Eiweiß

250 ml Gemüsebrühe (siehe Grundrezepte)

1 Msp. Safran

200 g junge Spinatblätter

Nussölvinaigrette (siehe Grundrezepte)

Salz, Pfeffer

Die Schwarzwurzeln schälen und sofort in Essigwasser legen. Den Rahm aufkochen und mit Salz und Pfeffer abschmecken. Die Schwarzwurzeln in Stücke schneiden und im Rahm gar kochen. Die Schwarzwurzeln mit dem Rahmfond pürieren.

Vier Teelöffel Agar-Agar mit etwas kaltem Wasser anrühren und 15 Minuten quellen lassen. Ein Liter Schwarzwurzelpüree aufkochen, den Agar-Agar dazugeben und 2–3 Minuten leise kochen lassen.

Den Hokkaidokürbis schälen, die Kerne entfernen und das Fruchtfleisch in feine Würfel schneiden. Diese in Salzwasser kurz gar kochen, abschrecken und abtropfen lassen. Mit dem Schwarzwurzelpüree vermengen. Das Eiweiß steif schlagen und vorsichtig darunter ziehen. In Timbaleförmchen oder eine Terrinenform füllen.

Die Gemüsebrühe mit dem Safran aufkochen, mit etwas Essig und Salz abschmecken und mit dem restlichen Agar-Agar binden. Die Schwarzwurzelmousse damit begießen und 1 Stunde gut durchkühlen lassen, anschließend stürzen.

Den Spinat verlesen, gründlich waschen und mit der Nussölvinaigrette marinieren. Zum Schwarzwurzelparfait servieren.

Tipp
Nach genau dem gleichen Prinzip lässt sich aus vielen Gemüsesorten ein Parfait herstellen. Probieren Sie es einmal mit Sellerie, Steckrüben oder roten Paprikaschoten.

Blumenkohl-Broccoli-Royale

Für 10 Personen

600 g Blumenkohlröschen

600 g Broccoliröschen

4 Eier

4 Eigelb

100 g Crème fraîche

Weißweinessig

Salz, Cayennepfeffer

1 EL Butter

Blumenkohl und Broccoli separat in Salzwasser gar kochen. Den Broccoli, um seine Farbe zu erhalten, kurz in Eiswasser abschrecken. Den Blumenkohl auf einem Sieb abtropfen lassen.Von beiden einige Röschen beiseite legen.

400 g Blumenkohl mit 2 Eigelb, 2 Eiern und 50 g Crème fraîche fein pürieren und mit Weißweinessig, Salz und Cayennepfeffer abschmecken. Ebenso mit 400 g Broccoli, den restlichen Eiern, Eigelben und der restlichen Crème fraîche verfahren.

Eine Terrinenform mit Backpapier auslegen und mit Butter ausstreichen. Die Broccoliröschen in der Form verteilen und mit der Blumenkohlmasse bedecken. Nun die Blumenkohlröschen darauf legen und mit der Broccolimasse auffüllen. Die Terrinenform abdecken und im 180 °C heißen Ofen im Wasserbad eine Stunde stocken lassen.

Die Terrine aus der Form stürzen, in Scheiben schneiden und noch lauwarm mit Salat nach Marktangebot servieren.

Als »Royale«, bezeichnet man üblicherweise einen Eierstich, wie Sie ihn bestimmt als Suppeneinlage kennen. Doch mit Blumenkohl und Broccoli vermengt, wird etwas ganz anderes daraus: eine feine Vorspeise für ein winterliches Menü.

Lauwarmer Wirsing-Kartoffel-Salat mit Rote-Bete-Timbale

500 g Rote Beten (Randen)

3 Eigelb

2 Eier

50 g Crème fraîche

Himbeeressig

1 EL Butter

einige Blätter Wirsing (Wirz)

750 g fest kochende Kartoffeln

Vinaigrette aus Distelöl
und Weißweinessig

Die Roten Beten schälen, grob würfeln und unter Zugabe von wenig Wasser gar dünsten, dann abtropfen lassen und mit Eigelben, Eiern, Crème fraîche, etwas Himbeeressig, Salz und Pfeffer pürieren. Kleine Soufflé- oder Timbaleförmchen ausbuttern und mit dem Püree füllen. Im Wasserbad im Ofen bei 160 °C garen. (Nach etwa 30 Minuten mit einem Holzspieß eine Garprobe machen.) Die Timbales etwas abkühlen lassen und zum Servieren stürzen.

Von den Wirsingblättern die harten Rippen herausschneiden und die Blätter in Rauten schneiden. Diese in Salzwasser gar kochen und in Eiswasser abschrecken.

Die Kartoffeln waschen, in Salzwasser gar kochen und schälen. In dünne Scheiben schneiden, mit der Vinaigrette und den Wirsingrauten vermengen. Den Wirsing-Kartoffel-Salat in einer flachen Kasserolle leicht erwärmen. Mit den Rote-Bete-Timbales anrichten.

Unsere Lebensmittel leiden heutzutage im Allgemeinen an erstaunlichem Geschmacksschwund. Die Kartoffel bildet da keine Ausnahme. Aber vielleicht gehören Sie zu den Glücklichen, die noch einen Kleinbauern oder Gemüsegärtner kennen, der diese Gemüse mit Sorgfalt anbaut.

Lauchterrine mit lauwarmem Kartoffelsalat

10–12 dünne Stangen Lauch

500 g Salatkartoffeln

200 ml Gemüsebrühe (siehe Grundrezepte)

2 Schalotten

2 EL Weißweinessig

1 EL Sherryessig

1 EL Dijonsenf

6 EL Distelöl

2 EL Traubenkernöl

Salz, Pfeffer

Vom Lauch den dunkelgrünen Teil entfernen und die einzelnen Stangen auf die Länge der Terrinenform zurechtschneiden. Den Lauch sehr gut waschen und in stark gesalzenem Wasser einige Minuten kochen, bis er weich ist. Danach sofort in Eiswasser abschrecken und auf Küchenkrepp zum Trocknen legen. Zwei Stangen Lauch vorsichtig in einzelne Blätter zerteilen und die Terrinenform damit quer so auslegen, dass die Lauchblätter einander etwas überlappen und über den Rand der Form hinausragen. Nun die Terrinenform mit den gekochten Lauchstangen füllen, dabei jede Lage mit etwas Salz und Pfeffer würzen. Zum Schluss die Terrine mit dem überlappenden Teil der Lauchblätter bedecken. Das Ganze mit einem Gewicht beschweren und einige Stunden gut durchkühlen lassen.

Die Kartoffeln mit der Schale in Salzwasser gar kochen, noch heiß schälen, in dünne Scheiben schneiden und in der gut gewürzten Brühe marinieren. Die Schalotten schälen, in sehr feine Scheiben schneiden und über die Kartoffeln streuen.

Aus den restlichen Zutaten eine Vinaigrette herstellen. Die Kartoffeln aus der Brühe nehmen, mit einigen Esslöffeln Vinaigrette vermengen und in einem Topf leicht erwärmen. Die Terrine aus der Form stürzen und mit einem Elektromesser oder einem sehr scharfen Küchenmesser in 1 cm dicke Scheiben schneiden.

Tipp
Eine kleine Hilfe: Benutzen Sie einen Plastikteigschaber, den Sie beim Schneiden fest an die Seite der Terrine drücken.
Falls es Ihr Geldbeutel erlaubt, garnieren Sie das Ganze mit Scheiben von schwarzem Trüffel.

Klare Rote-Bete-Suppe mit rosa Linsen

60 g rosa Linsen

1/4 Sellerieknolle

2 mittelgroße Rote Beten (Randen)

1 l Gemüsebrühe (siehe Grundrezepte)

1 Spritzer Himbeeressig

Salz, Cayennepfeffer

Die rosa Linsen in Wasser langsam in etwa 20 Minuten gar kochen. Unter fließendem Wasser kalt abspülen. Den Sellerie schälen und in feine Stifte schneiden. Kurz in Salzwasser kochen und abschrecken.

Die Roten Beten schälen und in feine Streifen raffeln. Mit der kalten Brühe aufsetzen und langsam aufkochen, 15 Minuten ziehen lassen, anschließend durch ein feines Sieb abseihen. Mit Himbeeressig, Salz und Cayennepfeffer abschmecken. Die Linsen und die Selleriestifte in der Rote-Bete-Suppe erneut wärmen und heiß servieren.

Rote Bete hat so gar nichts Diplomatisches. Entweder man liebt sie, oder man ignoriert sie. Ich mag sie, aber nur mit einem Schuss Säure, der ihr das übertrieben Erdige austreibt.

Linsencremesuppe mit gedünstetem Lauch

200 g kleine Linsen

3 Schalotten

1 Stange Lauch

1 EL Tomatenmark

1 Lorbeerblatt

1,2 l Gemüsebrühe
(siehe Grundrezepte)

Balsamicoessig

2 EL Sojasauce

3 Scheiben Toastbrot

2 EL Butter

3 EL geschlagener Rahm

Pflanzenöl

Salz, Pfeffer

Die Linsen über Nacht in Wasser einweichen, am nächsten Tag abgießen und abtropfen lassen.

Die Schalotten und eine halbe Lauchstange fein würfeln und in etwas Öl anschwitzen. Das Tomatenmark dazugeben und kurz mitdünsten. Die Linsen und das Lorbeerblatt beifügen und mit der Gemüsebrühe auffüllen. So lange kochen, bis die Linsen gar sind. Das Lorbeerblatt entfernen, die Suppe fein pürieren und durch ein Sieb streichen. Mit Balsamicoessig, Sojasauce, Salz und Pfeffer abschmecken.

Den restlichen Lauch in Streifen schneiden und dünsten. Das Toastbrot entrinden, würfeln und in der Butter goldgelb braten. Die Suppe aufmixen und den geschlagenen Rahm darunter heben. Mit dem Lauch und den Brotwürfeln anrichten.

Ein Klassiker aus der bürgerlichen Küche, für die Feinschmeckerküche neu aufgemixt.

Kartoffelschaumsuppe mit Petersilienkrapfen

2 Stangen Lauch

2 Schalotten

1 EL Butter

800 g mehlig kochende Kartoffeln

800 ml Gemüsebrühe
(siehe Grundrezepte)

300 ml Rahm

1 Portion Brandteig
(siehe Grundrezepte)

2 EL glatte Petersilie

1 EL frisch geriebener Parmesan

Salz, Pfeffer

Vom Lauch den dunkelgrünen Teil entfernen, die Stangen halbieren, gründlich waschen und in Streifen schneiden. Die Schalotten fein würfeln und mit dem Lauch in Butter anschwitzen. Die Kartoffeln schälen, würfeln und dazugeben. Mit Gemüsebrühe und Rahm auffüllen und gar kochen. Durch ein grobes Sieb streichen und mit Salz und Pfeffer abschmecken.

Den Brandteig nach Rezept herstellen. Die Petersilie hacken und zusammen mit dem Parmesan darunter heben. Mit einem Teelöffel kleine Klößchen abstechen und in der Fritteuse ausbacken. Die Suppe zum Schluss schaumig aufmixen und mit den heißen Klößchen als Einlage servieren.

Oft sind es gerade die einfachen Rezepte, die mich immer wieder begeistern. Meine erste Kartoffelsuppe kochte ich im zarten Alter von zwölf Jahren, und wahrscheinlich wurde ich nur deswegen Koch, weil sie meiner Mutter so gut schmeckte, dass sie nach dem Rezept verlangte.

Sellerieschaumsuppe

600 g Knollensellerie

4 Schalotten

1 EL Butter

100 ml Weißwein

500 ml Gemüsebrühe
(siehe Grundrezepte)

200 ml Rahm

200 g Crème fraîche

100 g braune Champignons

Pflanzenöl

1 EL gehackte Petersilie

Salz, Pfeffer

Den Sellerie schälen und würfeln. Die Schalotten ebenfalls fein würfeln, in Butter glasig anschwitzen. Die Selleriewürfel dazugeben, kurz weiterdünsten und mit dem Weißwein ablöschen. Mit Brühe, Rahm und Crème fraîche auffüllen. Im Mixer fein pürieren, durch ein Sieb streichen und mit Salz und Pfeffer abschmecken.

Die Champignons putzen, in Scheiben schneiden und in Pflanzenöl anbraten. Mit Salz und Pfeffer würzen. Die Suppe nochmals erwärmen und mit den gebratenen Champignons und der gehackten Petersilie bestreuen.

Karotten-Orangen-Suppe mit Quarkklößchen

2 Schalotten

1 EL Butter

500 g Karotten

1 EL Currypulver

3 Scheiben frischer Ingwer

2 Orangen, Saft

500 ml Gemüsebrühe
(siehe Grundrezepte)

200 ml Rahm

250 g Magerquark

50 g Crème fraîche

1 Eigelb

1 Ei

70 g helles Paniermehl

2–3 EL Hartweizengrieß

1 EL geriebener Parmesan

Salz, Pfeffer

Korianderblätter

Die Schalotten fein würfeln und in der Butter anschwitzen. Die Karotten schälen, in Scheiben schneiden und zu den Schalotten geben. Mit Currypulver bestäuben, den Ingwer dazugeben und mit Orangensaft und Brühe ablöschen. Aufkochen lassen und den Rahm dazugießen.
Die Karotten gar kochen, anschließend fein pürieren und durch ein Sieb streichen. Mit Salz und Pfeffer abschmecken.

Für die Quarkklößchen die restlichen Zutaten vermengen. 15 Minuten quellen lassen, dann kleine Nocken formen und in Salzwasser gar ziehen lassen. In der heißen Suppe servieren und mit den Korianderblättern garnieren.

Wenn Sie Ihre Gäste mit einer wirklich ungewöhnlichen Wintersuppe überraschen wollen, empfehle ich Ihnen diese süß-sauer-scharfe Karotten-Orangen-Kreation.

Sellerie-Rote-Bete-Chartreuse

400 g Knollensellerie

300 g Rote Beten (Randen)

1 EL Himbeeressig

1/2 Zitrone, Saft

100 ml Gemüsebrühe
(siehe Grundrezepte)

1 EL Butter

50 g geröstete Haselnüsse

400 ml Weißweinsauce
(siehe Grundrezepte)

1 Limone, abgeriebene Schale und Saft

1 kleines Stück frischer Ingwer

2 säuerliche Äpfel

1 EL zerlassene Butter

Salz, Pfeffer

Den Sellerie und die Roten Beten schälen. Vom Sellerie vier dünne Scheiben abschneiden. Mit einem runden Ausstecher vier Scheiben in der Grösse einer kleinen Souffléform ausstechen (ca. 5 cm Durchmesser). Die Scheiben kurz in Salzwasser blanchieren.

Den restlichen Sellerie und die Roten Beten grob raspeln. Die Roten Beten mit einem Schuss Himbeeressig und Gemüsebrühe und den Sellerie separat mit etwas Zitronensaft und Gemüsebrühe gar dünsten. Mit Salz und Pfeffer abschmecken.

Vier Keramik-Souffléförmchen ausbuttern und den Boden mit grob gehackten Nüssen bestreuen. Jeweils eine Selleriescheibe einlegen und zur Hälfte mit gedünstetem Sellerie, dann mit gedünsteter Roter Bete füllen. Gut andrücken und im Ofen warm stellen.

Die Weißweinsauce erhitzen. Mit Limonenschale, Limonensaft, etwas geriebenem Ingwer, Salz und Pfeffer abschmecken.

Die Äpfel halbieren, das Kerngehäuse entfernen und die Apfelhälften in Scheiben schneiden. Diese kurz in Butter anbraten.

Die Chartreuses jeweils auf einen Teller stürzen und mit der Sauce und den Apfelspalten servieren.

Sellerie und Rote Bete (Randen) sind eine wunderbare Kombination. Das etwas süßliche Aroma der Bete wird durch den eher pikanten Sellerie perfekt ausgeglichen. Die leicht exotische Sauce gibt dem Ganzen den nötigen Pfiff.

Tipp
Sollten Sie dieses Gericht als Hauptgang servieren, reichen Sie Salzkartoffeln dazu.

Spinatstrudel mit Champignonsauce

600 g Blattspinat

3 Schalotten

1 EL Butter

1 Knoblauchzehe

2 EL geröstete Pinienkerne

1 Ei

2–3 EL Paniermehl

2 EL geriebener Parmesan

250 g Strudelteig
(siehe Grundrezepte)

etwas Mehl zum Teigausrollen

50 g geklärte Butter

etwas Paniermehl

250 g braune Champignons

300 ml brauner Gemüsejus
(siehe Grundrezepte)

1 Schuss Portwein

200 ml Rahm

Pflanzenöl

Mehlbutter oder Speisestärke

Salz, Pfeffer

Den Blattspinat gut waschen und von den Stielen zupfen. Die Schalotten fein würfeln und in der Butter anschwitzen. Den zerdrückten Knoblauch und den tropfnassen Spinat dazugeben, zudecken und so lange dünsten, bis der Spinat zusammenfällt. Dann den Spinat sofort auf ein Sieb geben und abtropfen lassen. Mit Salz und Pfeffer würzen. Den Spinat fein hacken und mit den Pinienkernen, dem verquirlten Ei, dem Paniermehl und dem Parmesan vermengen.

Den Strudelteig auf einem bemehlten Küchentuch zu einem Rechteck ausrollen und dann weiter mit den Händen sehr dünn ausziehen. Den Rand mit einem Teigroller abschneiden, die Teigfläche mit geklärter Butter bepinseln und mit etwas Paniermehl bestreuen. Den Spinat am unteren Ende der Teigfläche verteilen. Den Teig von unten her einrollen, die Enden verschließen und den Strudel mit geklärter Butter bestreichen. Auf einem mit Backpapier ausgelegten Blech bei 180 °C 20–30 Minuten goldgelb backen.

In der Zwischenzeit die Pilze putzen und in Scheiben schneiden. In Pflanzenöl anbraten und mit Salz und Pfeffer würzen. Den Gemüsejus und den Portwein beigeben und etwas einkochen lassen. Mit dem Rahm aufgießen und die Sauce mit Mehlbutter oder Speisestärke binden. Mit Salz und Pfeffer abschmecken.

Den heißen Strudel aufschneiden und zusammen mit der Sauce servieren.

Zugegeben ein selbstgemachter Strudelteig macht etwas Arbeit. Falls Sie sich die ersparen wollen, erhalten Sie inzwischen im gut sortierten Lebensmittelhandel bereits fertig ausgerollten Strudelteig. Ersatzweise können Sie Frühlingsrollenteigblätter (aus Weizen) aus dem Asienladen verwenden. Damit können Sie hübsche kleine Portionsstrudel herstellen.

Schwarzwurzelgemüse mit Spätburgundersauce und Kartoffeltaschen

800 g gekochte Kartoffeln vom Vortag

200 g Mehl (Type 1050, Ruchmehl)

2–3 EL Hartweizengrieß

3 Eigelb

200 g Spinat

1 Eiweiß

100 g geklärte Butter oder reines Butterfett

1 kg Schwarzwurzeln

Weißweinessig

1 Zitrone, Saft

500 ml kräftiger Badischer Spätburgunder (trocken)

100 ml Portwein

100 g eiskalte Butter in Stückchen

100 ml Rahm

Salz, Pfeffer

Die Kartoffeln schälen und durch eine Kartoffelpresse treiben oder fein reiben. Mit Mehl, Grieß, den Eigelben und etwas Salz einen Teig herstellen. Diesen auf einer bemehlten Unterlage ausrollen.

Den Spinat putzen, blanchieren, dann gut ausdrücken und hacken. Mit Salz und Pfeffer würzen.

Aus dem Kartoffelteig Kreise von 7 cm Durchmesser ausstechen, mit etwas Spinatmasse belegen, die Ränder mit Eiweiß bestreichen und wie Ravioli zur Hälfte zusammenklappen. Die Kartoffeltaschen in geklärter Butter knusprig braten.

Die Schwarzwurzeln schälen und sofort in Essigwasser legen. In 5 cm lange Stücke schneiden und in gesalzenem Zitronenwasser etwa 20 Minuten gar kochen. In der Kochflüssigkeit aufbewahren. Für die Spätburgundersauce Rotwein und Portwein zusammen auf ein Viertel einkochen lassen und mit den eiskalten Butterstückchen binden. Mit Salz und Pfeffer abschmecken.

Den Rahm einkochen, bis er sämig wird. Die Schwarzwurzeln abtropfen lassen und im Rahm nochmals erwärmen. Zusammen mit den Kartoffeltaschen und der Burgundersauce servieren.

Tipp
Sollten Sie die Kartoffeltaschen einige Stunden vorher vorbereiten wollen, müssen Sie sie kurz in Salzwasser blanchieren.
Dieses Gericht schmeckt auch sehr gut mit Spargelgemüse anstelle der Schwarzwurzeln.

Rote Tagliatelle mit Salbei-Nuss-Sauce

2 mittelgroße gekochte Rote Beten (Randen)

1 Ei

2 Eigelb

1/2 TL Salz

1 EL Olivenöl

250 g Hartweizengrieß

250 g Mehl (Type 1050, Ruchmehl)

400 ml Weißweinsauce (siehe Grundrezepte)

1/2 Hand voll Walnusskerne

1/2 Hand voll geröstete Haselnusskerne

einige Blätter frischer Salbei

1 EL Butter

Salz, Pfeffer

Die gekochten Roten Beten schälen, grob würfeln und mit Ei und Eigelben, Salz und Olivenöl fein pürieren und durch ein Sieb streichen. Den Hartweizengrieß mit dem Mehl vermengen und mit dem Rote-Bete-Püree zu einem sehr festen Teig kneten. Mindestens eine Stunde ruhen lassen, damit der Grieß gut aufquellen kann. Mit Hilfe einer Nudelmaschine oder eines Nudelholzes dünne Bandnudeln herstellen.

Die Weißweinsauce aufkochen. Die Nüsse und den Salbei hacken, zur Weißweinsauce geben und nur noch ziehen, nicht mehr kochen lassen. Mit Salz und Pfeffer abschmecken.

Die Nudeln in Salzwasser kochen, abtropfen lassen und in der zerlassenen Butter schwenken. Zusammen mit der Sauce servieren.

Auch hartnäckige Rote-Bete-Verächter werden sich mit diesem Rezept anfreunden können.

Kartoffelstrudel mit Sauerkraut und Cognacsauce

700 g mehlig kochende Kartoffeln

50 g Butter

250 g fest kochende Kartoffeln

2 EL Olivenöl

200 g Strudelteig
(siehe Grundrezepte)

50 g geklärte Butter

2 EL Paniermehl

1 Stange Lauch

400 ml Rahm

100 ml brauner Gemüsejus
(siehe Grundrezepte)

50 ml Cognac

Speisestärke

500 g Sauerkraut

100 ml Weißwein

2 EL Butter

Salz, Pfeffer

Die mehlig kochenden Kartoffeln schälen, in Salzwasser kochen, gut abdampfen lassen und durch eine Kartoffelpresse drücken. Die Butter einarbeiten. Mit Salz und Pfeffer würzen.

Die fest kochenden Kartoffeln ebenfalls schälen, in feine Würfel schneiden und in Olivenöl knusprig braten. Mit Salz und Pfeffer würzen.
Auf Küchenpapier abtropfen lassen und dann mit der pürierten Kartoffelmasse vermengen.

Den Strudelteig zu einem Rechteck ausrollen, dann ausziehen. Den Rand mit einem scharfen Messer abschneiden. Mit abgekühlter geklärter Butter bepinseln und mit Paniermehl bestreuen. Mit der abgekühlten Kartoffelmasse belegen, zu einem Strudel einrollen und mit Butter bestreichen.

Den Lauch putzen, waschen und in die einzelnen Blätter zerteilen. Diese in Salzwasser garen und anschließend sofort in Eiswasser abschrecken. Längs in 5 mm dünne Streifen schneiden und den Kartoffelstrudel damit wie ein Paket verschnüren.

Für die Sauce den Rahm mit dem Gemüsejus aufkochen, mit Cognac, Salz und Pfeffer abschmecken und mit Speisestärke leicht binden.

Das Sauerkraut mit Weißwein und Butter gar dünsten. Mit Salz und Pfeffer würzen.

Den Strudel auf einem Blech im 180 °C heißen Ofen etwa 30 Minuten goldgelb backen. Mit der Sauce und dem Sauerkraut anrichten.

Es gibt kaum ein Gemüse, das sich so variationsreich zubereiten lässt wie die Kartoffel. Doch ergeht es ihr ähnlich wie dem Apfel: Immer weniger Sorten sind auf dem Markt vorhanden. Besonders mehlige Kartoffeln waren lange Zeit nur schwer zu bekommen.

Crêpetörtchen mit Linsen und Sauerkraut auf Paprika-Tomaten-Butter

150 g Puylinsen

4 Schalotten

1 EL Butter

1 TL Tomatenmark

500 ml Gemüsebrühe (siehe Grundrezepte)

250 g frisches Sauerkraut

1 EL Butter

1 rote Paprika (Peperoni)

600 g reife Tomaten

1 Zwiebel

1 Knoblauchzehe

100 ml Weißwein

150 g eiskalte Butter in Stückchen

2 Eier

150 ml Milch

70 g Mehl

100 g geriebener Greyerzer

Salz, Pfeffer

Olivenöl

Die Linsen über Nacht einweichen. Die Schalotten fein hacken und in etwas Butter glasig dünsten. Das Tomatenmark dazugeben und kurz mit anschwitzen. Die abgetropften Linsen dazugeben und mit etwa 300 ml Gemüsebrühe gar kochen. Die nun relativ trockene Linsenmasse mit Salz und Pfeffer würzen und mit einem Handmixstab etwas pürieren.

Das Sauerkraut mit etwas Gemüsebrühe und der Butter gar dünsten.

Die Paprika halbieren, die Kerne entfernen und das Fruchtfleisch würfeln. Die Tomaten ebenfalls würfeln. Zwiebel und Knoblauch hacken und in wenig Olivenöl anschwitzen, die Paprika- und Tomatenwürfel dazugeben, mit Weißwein auffüllen und gar kochen. Die Sauce durch ein Sieb streichen; sollte sie zu dick sein, mit ein wenig Gemüsebrühe verlängern. Die Butterstückchen nach und nach einarbeiten. Mit Salz und Pfeffer abschmecken.

Aus Eiern, Milch und Mehl einen Crêpeteig rühren, mit Salz und Pfeffer würzen. Sechs dünne, etwa 20 cm große Crêpes backen. Die einzelnen Crêpeböden abwechselnd mit Linsenmasse und Sauerkraut bestreichen und zu einer Torte zusammensetzen. Mit dem geriebenen Käse bestreuen und bei 180 °C im Ofen etwa 20 Minuten backen.

Zum Servieren in Kuchenstücke schneiden und mit der Paprika-Tomaten-Butter anrichten. Linsen und Sauerkraut dazu reichen.

Dieses Rezept eignet sich innerhalb eines größeren Menüs auch gut als Zwischengang. Linsen und Sauerkraut, eine vielleicht etwas überraschende, aber, wie ich meine, sehr glückliche Verbindung.

Gemüsepastete mit Trüffeljus

400 g Tofu, küchenfertig gewürzt

3 Eigelb

1 EL Trüffelöl

4 kleine Kartoffeln

200 ml Rahm

1 Zucchini

1 kleine Aubergine

Olivenöl

200 g Butterblätterteig
(siehe Grundrezepte, notfalls tiefgekühlt oder fertig gekauft)

400 ml brauner Gemüsejus
(siehe Grundrezepte)

100 ml Portwein

etwas Speisestärke

50 g eiskalte Butter in Stückchen

1–2 Périgordtrüffel

Kerbelblätter

Salz, Pfeffer

Ein wunderschönes vegetarisches Gericht für festliche Anlässe. Es strapaziert vielleicht etwas Ihren Geldbeutel (die Trüffelpreise werden immer verrückter), aber dafür schont es Ihre Nerven, da es sich gut vorbereiten lässt.

(Spar-)Tipp
Dieses Gericht schmeckt auch ohne Trüffel ausgezeichnet.

Zunächst den Tofu zerkleinern und im Mixer mit 2 Eigelb und dem Trüffelöl fein pürieren, kühl stellen.

Die Kartoffeln schälen und in feine Scheiben schneiden. Den Rahm aufkochen, mit Salz und Pfeffer würzen und die Kartoffelscheiben darin gar kochen. Auf einem Sieb abtropfen lassen. (Der Rahm vom Kartoffelkochen kann zum Beispiel für eine Suppe weiterverwendet werden.)

Die Zucchini und die Aubergine in Scheiben schneiden und in Olivenöl braten. Mit Salz und Pfeffer würzen und abkühlen lassen.

Den Blätterteig ausrollen, daraus vier Kreise von je 8 cm und vier von 10 cm Durchmesser ausstechen. Die kleineren Scheiben mit Tofumasse, Gemüse und Kartoffeln belegen. Mit der größeren Scheibe abdecken, den Rand etwas andrücken und die Pastetchen mit dem restlichen Eigelb bestreichen. Bei 200 °C im Ofen 25 Minuten goldgelb backen.

In der Zwischenzeit den Gemüsejus mit dem Portwein etwas einkochen lassen, leicht mit Speisestärke binden und die Butterstückchen einarbeiten. Mit Salz und Pfeffer abschmecken.

Die Trüffel falls nötig bürsten, dann in Streifen oder Scheiben schneiden und kurz vor dem Servieren in die Sauce legen.

Kartoffelsoufflé mit Trüffelsauce und geschmorten Petersilienwurzeln

800 g mehlig kochende Kartoffeln

200 g Magerquark

2 EL Trüffelöl

2 Eigelb

2 Eiweiß

500 g Petersilienwurzeln

50 ml Weißwein

1 Spritzer Zitronensaft

1 EL Butter

1 Bund glatte Petersilie

500 ml brauner Gemüsejus
(siehe Grundrezepte)

300 ml Portwein

Speisestärke

60 g eiskalte Butter in Stückchen

1 Prise brauner Zucker

1 mittelgroßer Périgordtrüffel

Salz, Pfeffer

Die Kartoffeln schälen und gar kochen. Gut abdampfen lassen und durch eine Kartoffelpresse drücken. Mit Quark, Trüffelöl, Eigelben, Salz und Pfeffer vermengen. Das Eiweiß steif schlagen und darunter ziehen. Die Masse in vier große gebutterte Souffléförmchen füllen und im Wasserbad im Ofen bei 200 °C 25–30 Minuten backen.

Die Petersilienwurzeln schälen und auf einer Aufschnittmaschine oder mit einem scharfen Messer in dünne Scheiben schneiden. Mit Weißwein, Zitronensaft und Butter gar dünsten. Zum Schluss mit der gehackten Petersilie bestreuen.

Den braunen Gemüsejus mit dem Portwein auf die Hälfte einkochen. Mit dem Stärkemehl leicht binden und die Butterstückchen nach und nach einarbeiten. Mit Salz, Pfeffer und einer Prise Zucker abschmecken. Die Trüffel säubern und in Streifen schneiden. Diese kurz vor dem Servieren in die heiße Sauce legen.

Die Kartoffelsoufflés vorsichtig aus den Förmchen auf die Teller stürzen. Mit den Petersilienwurzeln und der Sauce anrichten.

Das Kartoffelsoufflé schmeckt übrigens auch ohne Trüffel ganz ausgezeichnet. Reichen Sie stattdessen zum Beispiel einen Kräuterjus dazu.

Feiner Kartoffelgratin mit Rotweinsauce und Gemüsestäbchen

1 kg fest kochende Kartoffeln

300 ml Milch

300 ml Rahm

2 Knoblauchzehen

150 g geriebener Parmesan oder Greyerzer

1 EL Butter in Stückchen

3 Schalotten

2 Karotten

1 EL Bratbutter

400 ml kräftiger trockener Rotwein

100 ml Portwein

1 TL Maisstärke

80 g eiskalte Butter in Stückchen

600 g vorbereitete Gemüsestäbchen nach Wahl (z. B. Karotten, Sellerie, Kohlrabi)

Butter für das Gemüse

Salz, Pfeffer

Die Kartoffeln schälen, in feine Scheiben hobeln und in eine gebutterte Auflaufform legen. Milch und Rahm verrühren, mit Salz, Pfeffer und dem gepressten Knoblauch eher kräftig würzen. Über die Kartoffeln gießen. Mit dem Käse und mit Butterstückchen bestreuen und 50–60 Minuten bei 180 Grad auf der mittleren Schiene im Ofen backen. Falls der Gratin zu stark bräunt, mit Alufolie abdecken.

Für die Sauce die Schalotten fein würfeln. Die Karotten schälen und ebenfalls in feine Würfel schneiden. Die Bratbutter in einem Topf erhitzen, Schalotten und Karottenwürfel darin kräftig anschwitzen. Mit dem Rotwein und dem Portwein ablöschen und die Flüssigkeit bei starker Hitze auf die Hälfte einkochen lassen. Die Maisstärke mit etwas kaltem Wasser glatt rühren und den Fond damit binden. Durch ein feines Haarsieb passieren. Den Fond nochmals zurück in den Topf geben und mit einem Rührbesen die eiskalten Butterstückchen einarbeiten. Mit Salz und Pfeffer abschmecken und nicht mehr kochen lassen.

Die Gemüsestäbchen in Salzwasser garen, abtropfen lassen und kurz in wenig Butter schwenken. Nochmals abschmecken.

Alles zusammen heiß servieren.

Dieses Rezept können Sie verfeinern, indem Sie die Kartoffelscheiben mit angebratenen Scheiben von Steinpilzen vermengen.

Pizokel mit Austernpilzen

500 g Mehl

6 Eier

ca. 100 ml Milch

1 TL Salz

1 Prise gemahlene Muskatnuss

250 g Austernpilze

200 g Wirsing (Wirz)

2 Schalotten

4 EL Bratbutter

Salz, Pfeffer

Aus Mehl, Eiern, Milch, Salz und Muskatnuss einen glatten Teig rühren. Mit einem Holzkochlöffel schlagen, bis er Blasen wirft.

In einem Topf 4 Liter Wasser mit 1 Esslöffel Salz aufkochen. Den Teig durch eine Spätzlepresse oder ein Spätzlesieb nach und nach direkt in das kochende Wasser drücken. Dabei immer wieder umrühren. Aufkochen lassen und sobald die Spätzle an die Oberfläche steigen, sie mit einer Schaumkelle herausheben und in kaltem Wasser abschrecken. Auf einem Sieb abtropfen lassen.

Von den Austernpilzen die Stengel entfernen und die Pilze in Streifen schneiden. Den Wirsing in 1 cm grosse Rauten schneiden und in leicht gesalzenem Wasser 5 Minuten gar kochen. Auf einem Sieb abtropfen lassen. Die Schalotten schälen und fein würfeln.

In einer beschichteten großen Pfanne die Hälfte der Bratbutter zerlassen und die Schalotten darin anschwitzen, die Austernpilze dazugeben und gut anbraten. Zum Schluss den Wirsing darunter rühren und mit Salz und Pfeffer abschmecken. In eine Schüssel umfüllen und warm stellen. In der gleichen Pfanne den Rest der Bratbutter erhitzen und die Spätzle darin goldgelb braten. Mit der Pilz-Gemüse-Mischung vermengen, nochmals abschmecken und sofort servieren.

Rösti und Pizokel gehören zur Schweiz wie der Eiffelturm zu Paris oder Michelangelo zu Florenz. Wers mag, kann die »Spätzle« bei Tisch mit Greyerzer oder Sbrinz bestreuen.

Kartoffelpüree mit pochiertem Ei, Wintertrüffel und Blattspinat

1 kg mehlig kochende Kartoffeln

80 g Butter

125 ml Rahm

125 ml Milch

1 EL Trüffelöl

500 g Blattspinat

2 Schalotten

etwas Butter

1 Prise Muskatnuss

100 g schwarze Wintertrüffel

1 EL Bratbutter

4 EL weisser Portwein

2 EL Weißweinessig

4 frische Eier

Salz, Pfeffer

Die Kartoffeln schälen, vierteln und in leicht gesalzenem Wasser etwa 20 Minuten gar kochen. Auf einem Sieb abdampfen lassen. Durch eine Kartoffelpresse drücken. Die Butter in Stückchen schneiden und dazugeben.

Den Rahm mit der Milch erhitzen und vorsichtig mit einem Rührbesen unter die Kartoffelmasse rühren. Mit Salz, Pfeffer und dem Trüffelöl abschmecken, warm stellen.

Den Spinat waschen und die groben Stiele entfernen. Die Schalotten schälen und fein würfeln, in wenig Butter glasig andünsten.
Den noch tropfnassen Spinat dazugeben und bei geschlossenem Deckel 5 Minuten zusammenfallen lassen. Mit Salz und einer Prise Muskat würzen.

Die Trüffel abbürsten und in dünne Scheiben hobeln. In einem Topf die Bratbutter erhitzen, die Trüffel dazugeben, mit Portwein ablöschen und 1 Minute dünsten.

Für die pochierten Eier 1 Liter Wasser mit dem Weißweinessig in einem Topf aufkochen. Die Eier vorsichtig hineingleiten lassen, so dass sie sich nicht berühren. 3 Minuten ziehen lassen, dann mit einer Schaumkelle herausheben. Sofort auf dem Kartoffelpüree anrichten zusammen mit dem Blattspinat und den Trüffelscheiben.

Tipp
Kartoffelpüree darf nicht zu stark gerührt werden, weil es sonst klebrig wird.

Schokoladensoufflé mit Orangen-Rum-Sauce

3 Eier

60 g brauner Zucker

1 Vanilleschote

30 g gemahlene Mandeln

30 g gemahlene Haselnüsse

40 g gehackte Walnüsse

50 g Zartbitterkuvertüre

20 g zerlassene Butter

3 EL Paniermehl

3 Orangen, Saft

4 EL Rum

2 EL Orangenlikör

2 große Orangen

Speisestärke

Die Eier trennen, die Eigelbe mit 30 g Zucker und dem ausgekratzten Vanillemark schaumig rühren. Die Eiweiße mit dem restlichen Zucker steif schlagen. Die Mandeln und Nüsse mit dem Eigelb vermengen und den Eischnee vorsichtig darunter heben.

Die Kuvertüre in einem Topf in einem Wasserbad schmelzen. Etwas abkühlen lassen und langsam unter die Eimasse ziehen. Die Masse in gebutterte, mit Paniermehl ausgestreute Soufflèförmchen füllen. Die Förmchen in ein Wasserbad setzen und im Ofen bei 200 °C 20–30 Minuten garen.

In der Zwischenzeit den Orangensaft aufkochen. Mit Rum und Orangenlikör vermengen und mit etwas Stärke leicht binden. Die restlichen Orangen filetieren. Die fertigen Soufflés stürzen, mit den Orangenfilets und der Sauce anrichten.

Soufflés sind immer eine heikle und oft gefürchtete Angelegenheit; nicht so dieses Schokoladensoufflé. Es lässt sich sogar aus der Form stürzen, ohne sofort in sich zusammenzufallen.

Punschhalbgefrorenes mit Portweinpflaumen

500 ml Rotwein

200 ml Portwein

1 Zimtstange

1 Nelke

1 Lorbeerblatt

100 g brauner Zucker

1 unbehandelte Orange

250 g getrocknete Pflaumen

150 ml kräftiger Rotwein

150 ml starker schwarzer Tee

2 unbehandelte Orangen, Schale und Saft

1 unbehandelte Zitrone, Schale und Saft

80 g brauner Zucker

60 ml Rum

1 Ei

2 Eigelb

200 ml Rahm

Am Vortag Rotwein und Portwein mit den Gewürzen, dem Zucker, der Schale und dem Saft der Orange aufkochen. Die Dörrpflaumen einlegen und den Topf vom Herd nehmen. Die Pflaumen mindestens 24 Stunden darin marinieren.

Für das Halbgefrorene Rotwein, Tee, Orangensaft, Zitronensaft und Zucker auf ein Viertel einkochen. Zum Schluss die dünn geschälten Orangen- und Zitronenschalen zehn Minuten darin ziehen lassen und abseihen. Die Flüssigkeit mit dem Rum vermengen, mit Ei und Eigelben verquirlen und in einer Rührschüssel über einem Wasserbad zu einer cremigen Konsistenz aufschlagen. Dann die Rührschüssel in Eiswasser setzen und die Masse kaltrühren.

Den Rahm steif schlagen und unter die abgekühlte Masse ziehen. In einer geeigneten länglichen Form sofort gefrieren.

Ein heißer Punsch, gut gefroren, das richtige Dessert für einen kalten Wintertag.

Tipp
Machen Sie vom Parfait lieber gleich die doppelte Menge. Die Arbeit bleibt die Gleiche, und Ihre Esser werden bestimmt nicht traurig sein, dass es noch Nachschlag gibt.

Kleine Windbeutel, mit Honigeis gefüllt, auf Schokoladensauce

1 Portion Brandteig
(siehe Grundrezepte)

250 g Kuvertüre

125 ml lauwarmer Rahm

1 Portion Honigeis
(siehe Rezept Seite 35)

Den Brandteig nach Rezept, aber mit 1 Teelöffel Zucker herstellen. Auf ein mit Backpapier ausgelegtes Blech kleine Häufchen spritzen und im 170 °C heißen Ofen 25 Minuten goldgelb backen.

Die Kuvertüre in einem mäßig warmen Wasserbad zerlassen und mit dem lauwarmen Rahm verdünnen.

Die fertigen Windbeutel quer aufschneiden, jeweils mit einer kleinen Kugel Eis füllen und mit der warmen Sauce servieren.

Bratapfel mit Marzipanfüllung und Vanillesauce

30 g Rosinen

3 EL Rum

50 g gehackte Walnüsse

150 g Rohmarzipan

4 säuerliche Äpfel (z.B. Boskop)

1 EL Butter

etwas Apfelsaft

250 ml Milch

250 ml Rahm

100 g brauner Zucker

2 Vanillestangen

5 Eigelb

Die Rosinen waschen, mit dem Rum übergießen und mehrere Stunden ziehen lassen. Dann auf einem Sieb abtropfen lassen und mit Nüssen und Marzipan vermengen.

Von den Äpfeln die Kerngehäuse ausstechen und die Schale ringsum einschneiden, damit der Apfel nicht platzt. Die Äpfel mit der Marzipanmasse füllen. Eine Bratform ausbuttern, die Äpfel hineinsetzen, den Apfelsaft angießen und im 200 °C heißen Ofen etwa 30 Minuten backen.

Milch, Rahm und Zucker mit der ausgekratzten Vanillestange und dem Vanillemark zum Kochen bringen. 10 Minuten ziehen lassen, damit das Aroma der Vanille sich voll entfalten kann. In einer Rührschüssel die noch heiße Flüssigkeit mit den Eigelben verquirlen. Die Rührschüssel auf ein heißes Wasserbad setzen und mit einem Holzspachtel so lange rühren, bis die Sauce bindet. Abkühlen lassen und zu den heißen Äpfeln servieren.

Punschtee trinken, Schlittenfahren, Schneemann bauen und Bratäpfel essen, und das Wintergück ist perfekt.

Tipp
Noch besser schmeckt der Bratapfel mit einer Portion Vanilleeis!

Quarksoufflé mit Orangensalat

6 Orangen

2 EL Grand Marnier

2 EL Kleehonig

Speisestärke

200 g Magerquark

3 Eigelb

2 EL Crème fraîche

etwas Zitronenschale

1 EL Hartweizengrieß

3 Eiweiß

50 g brauner Zucker

Vier Orangen filetieren. Von den restlichen zwei Orangen den Saft auspressen. Diesen mit dem Grand Marnier und dem Honig aufkochen und mit Speisestärke binden, abkühlen lassen.

Quark, Eigelbe, Crème fraîche, Zitronenschale und Hartweizengrieß verrühren. Das Eiweiß mit dem Zucker steif schlagen und vorsichtig unter die Quarkmasse heben. Den Quark in ausgebutterte Souffléförmchen geben und 15 Minuten bei 230 °C im Wasserbad garen. Stürzen und mit den Orangenfilets servieren.

Was wäre ein deutsches Kochbuch ohne Quarkrezept? Das wäre wie ein Reiter ohne Rennpferd, eine Kindheit ohne Nachtisch – eben eine halbe Sache!

Glühweinbirnen mit Mascarponeeis

1 l kräftiger Rotwein

6 feste Birnen

6 EL Vollrohrzucker

1 Vanilleschote

1 Zimtstange

1 Stück Zitronenschale

2 Nelken

1 Hand voll Dörrpflaumen

4 Dörraprikosen

5 Eigelb

100 g Rohrzucker

$^1/_4$ l Milch

250 g Mascarpone

1 EL Zitronensaft

Den Rotwein in einem Topf aufkochen und auf die Hälfte einkochen. Die Birnen schälen, halbieren und das Kerngehäuse entfernen. Zusammen mit dem Zucker, den Gewürzen und dem Trockenobst zum Rotwein geben. Die Birnen je nach Reifegrad 20–30 Minuten köcheln lassen. An einem kühlen Ort über Nacht im Weinsud ziehen lassen. Am nächsten Tag die Gewürze entfernen.

Die Eigelbe mit dem Rohrzucker cremig rühren. Die Milch aufkochen und unter die Eimasse rühren. In einem Rührkessel über einem kochenden Wasserbad mit einem Holzlöffel so lange rühren, bis sich eine cremige Konsistenz ergibt. Den Mascarpone darunter ziehen und mit dem Zitronensaft abschmecken. In der Eismaschine gefrieren lassen.

Das Mascarponeeis mit den Birnenhälften, dem Trockenobst und etwas Rotweinfond anrichten.

Brandteig

125 ml Milch
125 ml Wasser
100 g Butter
150 g Mehl
4 Eier verquirlt

Für salzige Gerichte: Salz, Pfeffer, 1 Prise Muskat
Für Desserts: 1 TL brauner Zucker

Die Milch und das Wasser mit der Butter aufkochen und die Gewürze oder den Zucker dazugeben. Dann das Mehl auf einmal dazugeben und mit einem Holzlöffel kräftig rühren, bis sich ein glatter Teigkloß ergibt. Diesen noch kurz weiter erhitzen (abbrennen), aber darauf achten, dass er nicht ansetzt.

Den Topf vom Herd nehmen und die Masse etwas abkühlen lassen. Nun nach und nach die Eier darunter arbeiten.

Nudelteig

400 g Weizenmehl (Type 1050, Ruchmehl)
100 g Hartweizengrieß
5 Eigelb
2 Eier
1 TL Salz
2 EL Olivenöl
5–10 EL Wasser (je nach Mehlbeschaffenheit)

In einer Schüssel das Mehl mit dem Hartweizengrieß vermengen und in die Mitte eine Vertiefung drücken. In diese Eigelbe, Eier, Salz, Olivenöl und Wasser geben und miteinander vermengen. Nun langsam mit einem Holzspachtel nach und nach das Mehl unter die Flüssigkeit arbeiten. Zum Schluss von Hand verkneten, so dass ein sehr fester, glatter Teig entsteht. Diesen in Frischhaltefolie einschlagen und an einem warmen Ort 1–2 Stunden ruhen lassen.

Mürbeteig

300 g Mehl (Type 1050, Ruchmehl)
2 Eigelb
100 g brauner Zucker
150 g kalte Butter

Das Mehl kranzförmig auf der Arbeitsfläche ausstreuen, in die Mitte die Eigelbe geben und diese mit dem Zucker verrühren. Anschließend die kalte Butter in sehr kleinen Stücken dazugeben und mit Hilfe eines Spachtels alles gut durcharbeiten. Dann mit den Händen schnell einen Teigkloß formen, ohne lange zu kneten, und den Teig, in Frischhaltefolie gewickelt, 1–2 Stunden ruhen lassen.

Für salzigen Mürbeteig lassen Sie den Zucker weg und geben stattdessen einen gestrichenen Teelöffel Salz dazu.

Strudelteig

500 g feines Weizenmehl (Type 550, Halbweißmehl)
250 ml lauwarmes Wasser
2 EL Speiseöl
1 Prise Salz

Das Mehl mit den übrigen Zutaten zu einem glatten Teig verkneten. Mit etwas Öl bestreichen, in Frischhaltefolie einschlagen und einige Stunden (am besten über Nacht) ruhen lassen. Vor der weiteren Verarbeitung einige Zeit an einem warmen Ort Zimmertemperatur annehmen lassen.

Schneller Blätterteig

500 g Weizenmehl (Type 550, Halbweißmehl)
200 g zimmerwarme Butter
200 ml Wasser
1 gestrichener TL Salz
200 g kalte Butter, in Scheibchen

Aus allen Zutaten (außer der kalten Butter) sehr schnell einen Teig kneten. Diesen eine Stunde kühl stellen.

Dann auf einer bemehlten Unterlage den Teig zu einem Rechteck ausrollen. Zwei Drittel der Fläche mit dünnen Scheiben der Butter belegen und den Teig dreifach einschlagen. Das Ganze um 90 Grad drehen und erneut zu einem Rechteck ausrollen. Die beiden schmalen Enden zur Mitte einschlagen und dann das Ganze noch einmal zusammenklappen. Die letzte Tour nochmals wiederholen. Den Teig abgedeckt kühl stellen oder einfrieren.

Vollkorn-Brioche

Für 20–25 Stück

150 g Weizen
350 g Weizenmehl (Type 1050, Ruchmehl)
100 ml lauwarme Milch
1 Würfel Hefe (42 g)
1 TL Salz
1 Prise Zucker
3 Eier
125 g zerlassene Butter
etwas Butter für die Förmchen
1 Eigelb zum Bestreichen

Den Weizen auf feinster Stufe mahlen und mit dem Weizenmehl vermengen.

In der lauwarmen Milch die Hefe auflösen. Mit den restlichen Zutaten zu einem Teig verarbeiten und diesen an einem warmen Ort auf das doppelte Volumen aufgehen lassen.

Kleine Souffléförmchen oder spezielle Briocheförmchen mit zerlassener Butter ausstreichen. Den Teig gut durchkneten und 20–25 Bällchen formen. Diese in die Förmchen setzen und nochmals aufgehen lassen. Das Eigelb mit etwas Wasser verquirlen und die Brioches damit bestreichen. Im 180 °C heißen Ofen 30 Minuten backen. Anschließend die Brioches sofort aus den Förmchen nehmen und auf einem Gitter abkühlen lassen.

Tomatenconcassé

Von den Tomaten den grünen Stielansatz herausschneiden und die Tomaten oben kreuzweise einschneiden. Kurz in kochendem Salzwasser abbrühen und sofort in Eiswasser abschrecken. Mit einem Messer vorsichtig die Haut abziehen. Anschließend die Tomaten halbieren und die Kerne vollständig entfernen. Das Fruchtfleisch in feine Würfel schneiden.

Weißweinsauce

4 Schalotten
1 EL Butter
200 ml trockener Weißwein
100 ml Noilly Prat (trockener Wermut)
400 ml Rahm
300 g Crème fraîche
Salz, Pfeffer

Die Schalotten fein würfeln und in der Butter glasig dünsten. Mit Weißwein und Noilly Prat auffüllen und auf ein Viertel einkochen lassen. Rahm und Crème fraîche dazugeben und auf etwa die Hälfte einkochen lassen, bis die Sauce eine leichte Bindung hat. Mit Salz und Pfeffer abschmecken.

Als Basis meiner dunklen Saucen dient der folgende Gemüsejus. Er lässt sich gut vorbereiten und einfrieren. Bei Zeitmangel greifen Sie auf Ersatzprodukte aus dem Reformhaus zurück.

Brauner Gemüsejus

Für 1 Liter Sauce

300 g Karotten
300 g Sellerie
300 g Fenchel
300 g Petersilienwurzeln
1 Stange Lauch
2 Zwiebeln
2 EL Tomatenmark
200 ml Rotwein
100 ml Portwein
2 l Wasser
Pfefferkörner, Nelken, Lorbeerblätter

Die Gemüse grob würfeln und in einem Bräter kräftig anbraten. Den Lauch und die Zwiebeln am Schluss dazugeben und ebenfalls anrösten. Dann das Tomatenmark kurz mit anschwitzen, mit wenig Rotwein ablöschen und einkochen lassen. Den Vorgang des Ablöschens wiederholen, bis der Rotwein aufgebraucht ist. Abschließend mit Portwein und Wasser auffüllen, die Gewürze dazugeben und etwa 2 Stunden köcheln lassen. Dabei ständig den Schaum, der sich auf der Oberfläche bildet, entfernen. Den fertigen Jus durch ein Sieb streichen.

Gemüsebrühe

2 kg Gemüse (z. B. Karotten, Sellerie, Lauch, Fenchel, Petersilienwurzeln, Tomaten, Kohlrabischalen, Broccolistengel, Paprika-/Peperoniabschnitte)
4 l kaltes Wasser
6 Stengel Petersilie
2 Zwiebeln
1 kleiner Zweig Thymian
einige Pfefferkörner
1 Nelke
1 Lorbeerblatt
Salz
Sojasauce
Balsamicoessig

Das Gemüse waschen, grob zerkleinern und mit dem kalten Wasser aufsetzen. Die Gewürze dazugeben und alles langsam zum Kochen bringen. 1–1½ Stunden leise ziehen lassen. In den letzten 20 Minuten die Petersilienstengel dazugeben. Die Brühe durch ein feines Sieb oder besser ein Passiertuch seihen und mit Salz, Sojasauce und Balsamicoessig abschmecken.

Pesto

2 kleine Bund Basilikum
2 EL Pinienkerne
1 Knoblauchzehe
50 ml Olivenöl
2 EL geriebener Parmesan
Salz, Pfeffer

Die Basilikumblättchen von den Stielen zupfen. Mit den restlichen Zutaten im Elektrohacker oder Mixer oder von Hand im Mörser zu einer geschmeidigen Paste verarbeiten.

Mehlbutter

100 g weiche Butter
100 g Mehl

Beides miteinander verkneten und mindestens eine Stunde kühl stellen. Bei Bedarf kleine Stückchen davon in der heißen Sauce oder Suppe auflösen.

Eine weitere Möglichkeit, Flüssigkeit zu binden, ist das Einarbeiten von eiskalten Butterstückchen. Die Sauce wird dadurch allerdings ziemlich gehaltvoll und kalorienreich. Neuere, leichtere Methoden sind die Bindung mit Gemüsepüree oder das Mitkochen geriebener roher Kartoffeln.

Olivenölvinaigrette

2 EL Balsamicoessig
1 EL Weißweinessig
1 EL roter Portwein
6 EL kaltgepresstes Olivenöl
6 EL Maiskeimöl
Salz, Pfeffer
1 Prise Zucker

Die beiden Essigsorten mit dem Portwein verrühren, mit den Gewürzen abschmecken und unter ständigem Rühren mit dem Schneebesen das Öl langsam dazugeben.

Nussöl-Himbeer-Vinaigrette

1 EL Sherryessig
2 EL Himbeeressig
4 EL Walnussöl
4 EL Haselnussöl
2 EL Maiskeim- oder Traubenkernöl
1 Prise Zucker
Salz, Pfeffer

Zubereitung wie bei der Olivenölvinaigrette.

Vorspeisen

Suppen

Hauptgerichte

Desserts

Grundrezepte

Stefan Wiesner
Gold Holz Stein
Sinnliche Sensationen aus Wiesners alchemistischer Naturküche

Gisula Tscharner Heinz Knieriemen
Hexentrank und Wiesenschmaus
Rezepte aus der wilden Weiberküche

Oskar Marti
Lustgarten Natur
Ernten, Kochen und Genießen
100 Rezepte aus Feld und Garten

François Couplan
Wildpflanzen für die Küche
Botanik, Sammeltipps und Rezepte

Oskar Marti
Frühling in der Küche
Sommer in der Küche
Herbst in der Küche
Winter in der Küche
(4 Bände)

Lesley Bremness
Das große Buch der Kräuter
Ein praktischer Führer für den Anbau, die Pflege und Verwendung von Kräutern

Jill Norman
Das große Buch der Gewürze

Susanne Fischer-Rizzi
Gold in der Küche
Das Safrankochbuch

Annemarie Wildeisen
Vanille
Gewürz der Göttin
Geschichte, Geschichten und über 70 pikante und süße Rezepte

Trish Deseine
Klein und fein
150 raffiniert-einfache Rezepte für Gäste

Ruth Johnson-Illi
Rezepte der Liebe
Himmlische Genüße aus der aphrodisischen Küche

Armin Röttele
La Cucina della Passione
Lustvoll-mediterrane Gerichte aus der »Giardino«-Küche

Roland Jöhri
Die Kochkunst Graubündens
Traditionelle Rezepte – neu kreiert

Roland Jöhri
Wild und zart
Traditionelle und neue Rezepte vom Meisterkoch

Heinz Witschi
Kochen für Freunde
Höhepunkte für Feinschmecker – vom Frühlingsbrunch zum Weihnachtsmenü

Irma Dütsch
Esprit de Cuisine
Rezepte aus dem »Fletschhorn«, Saas Fee

Rosa Tschudi
Erfolgsrezepte aus meiner Küche

Margaret Brunner-Surati
East meets West
Frisch, feurig, exotisch – 100 asiatisch-europäische Rezepte

AT Verlag
Stadtturmstrasse 19
CH-5401 Baden
Telefon +41 (0)58 200 44 00
Fax +41 (0)58 200 44 01
E-Mail: at-verlag@azag.ch
Internet: www.at-verlag.ch

Pfifferlinge
hausgemachte
Spätzle
(Vermicelle
15.8.92